Topsch · Leitfaden Examensarbeit für das Lehramt

Die Reihe »Studientexte für das Lehramt«
wird herausgegeben von Eiko Jürgens

Band 4

Wilhelm Topsch

Leitfaden Examensarbeit für das Lehramt

Bachelor- und Masterarbeiten im pädagogischen Bereich

Beltz Verlag · Weinheim und Basel

Prof. Dr. *Wilhelm Topsch*, Jg. 1941, ist Erziehungswissenschaftler an der Universität Oldenburg und langjährig in der Lehrerausbildung tätig.

2. überarbeitete und erweiterte Auflage 2006.
Die 1. Auflage ist unter der ISBN 3-472-03990-6 im Hermann Luchterhand Verlag GmbH, Neuwied/Kriftel, erschienen.

Lektorat: Peter E. Kalb

© 2006 Beltz Verlag · Weinheim und Basel
www.beltz.de
Herstellung: Klaus Kaltenberg
Satz: Druckhaus »Thomas Müntzer«, Bad Langensalza
Druck: Druckhaus Beltz, Hemsbach
Umschlaggestaltung: Federico Luci, Odenthal
Umschlagabbildung: bildagentur-online, Burgkunstadt
Printed in Germany

ISBN 3-407-25414-8

Inhaltsverzeichnis

Vorwort des Herausgebers

Endlich greift ein Buch eine längst überfällige Thematik auf, schrieb ich in meinem Vorwort zur 1. Auflage und sollte damit richtig liegen. Denn wie es offensichtlich scheint, wurde mit dieser Monografie tatsächlich eine große Lücke geschlossen. Das Buch verzeichnete eine derartig rasante Nachfrage, dass es schon nach kürzester Zeit erforderlich wurde, eine 2. Auflage zu drucken. Selbstverständlich hat der Autor, Wilhelm Topsch, dies zum Anlass genommen, um Korrekturen und Überarbeitungen vorzunehmen, damit der Leserschaft ein weiterhin aktuelles und auskunftsreiches Arbeitsbuch vorliegt, das keine der wichtigsten Fragen, die sich beim Schreiben einer Examensarbeit stellen könnten, unbeantwortet lassen dürfte.

Bielefeld 2005 *Eiko Jürgens*

1. Einleitung

Das Schreiben wissenschaftlicher Texte ist eine der Grundformen wissenschaftlichen Arbeitens. Während des Studiums ist es vielfach mit Prüfungssituationen verbunden. Oft fühlen sich Studierende nur unzureichend auf diese Anforderung vorbereitet. Sie haben unklare Vorstellungen über die Kriterien wissenschaftlichen Arbeitens, entwickeln unrealistische Vorstellungen oder entfalten überhöhte Erwartungen. Die Kombination von Prüfungs- und Überprüfungssituationen einerseits und die mangelnden Kenntnisse der inhaltlichen und formalen Anforderungen anderseits führen dazu, dass das Erstellen wissenschaftlicher Texte häufig mit Ängsten besetzt ist und von Vermeidungsstrategien und Schreibblockaden begleitet wird.

Ziel dieses Buches Ziel dieses Leitfadens ist es, Grundlinien wissenschaftlichen Arbeitens praxis- und problemnah zu entfalten und durch Übersichten, Tabellen, Strukturskizzen, Checklisten und erläuternde Texte Anleitungen zu geben, die teils »Schritt für Schritt nachvollziehbar« sind, teils so gestaltet sind, dass sie den jeweiligen Anforderungen »vor Ort« angepasst werden können.

1.1 Zu Ihrer Situation

Das Abfassen von wissenschaftlichen Texten stellt Sie als Studierende nicht vor eine völlig neue Aufgabe. Bereits während Ihrer Schulzeit haben Sie häufig eigenständige Ausarbeitungen, Referate oder Gruppenbeiträge verfasst, die in das Umfeld wissenschaftlichen Arbeitens gehören. Es gibt also Parallelen, aber es gibt auch Unterschiede.

Examensarbeit Bachelorarbeit Masterarbeit Im Rahmen der Hochschule werden Sie sich voraussichtlich stärker an die Konventionen wissenschaftlichen Arbeitens halten müssen, als dies in Ihrer Schulzeit der Fall war. Bereits die schriftliche Abfassung von Referaten, Praktikums-, Projekt- und Seminararbeiten (Arbeiten also, die Ihnen von der Schulzeit her in der Regel vertraut sein dürften) müssen wahrscheinlich höheren inhaltlichen und formalen Ansprüchen genügen. Eine wissenschaftliche Hausarbeit am Ende eines Studienabschnitts oder am Ende des Studiums – ganz gleich, ob sie als Bachelorarbeit, Masterarbeit oder als Examensarbeit im Rahmen der Ersten oder Zweiten Staatsprüfung für ein Lehramt erbracht werden muss – stellt noch einmal eine neue, erhöhte Herausforderung dar: Vereinfacht formuliert, sollen Sie anhand eines konkreten Themas unter Beweis stellen, dass Sie zu wissenschaftlichen Arbeiten befähigt sind. Wahrscheinlich haben Sie bislang noch keinen Text mit vergleichbaren inhaltlichen Ansprüchen und von solch großem Umfang verfasst. Sicherlich haben Sie auch noch an keinem Text über Wochen und Monate kontinuierlich gearbeitet. Was die inhaltliche Seite der Arbeit betrifft, so sollten Sie aufgrund Ihres Studiums hinreichend auf das Thema vorbereitet sein. Für die formale Seite des wissenschaftlichen Arbeitens gilt dies nicht in gleicher Weise. Hier befinden Sie sich möglicherweise in einem Dilemma: Obwohl Sie bislang weder in der Schule noch in der Universität auf die Formalien hinreichend vorbereitet worden sind, wird jetzt von Ihnen erwartet, dass Ihre Arbeit auch in formaler Hinsicht frei von Mängeln ist und den Konventionen der »scientific community« entspricht.

Ganz allgemein können Sie sich natürlich an den Empfehlungen von Handreichungen zum Thema »Techniken wissenschaftlichen Arbeitens« orientieren. Aber die Verfasser solcher Anleitungen weichen in vielen Punkten voneinander ab und kommen zu unterschiedlichen Vorschlägen. Das hängt meist damit zusammen, dass die Autoren aus unterschiedlichen Wissenschaftsbereichen kommen und sich unterschiedlichen Traditionen verpflichtet fühlen. An diesen Werken wird unmittelbar nachvollziehbar, dass die scientific community weder ein einheitliches noch ein statisches Gebilde ist. Auch hier gibt es Strömungen und Vorlieben, die sich u.a. in formalen Bereichen niederschlagen. Es macht einen Unterschied, ob Sie die Anleitungen eines Literaturwissenschaftlers (z.B. Eco [10]2003), eines Naturwissenschaftlers (z.B. Haefner 2000), eines Wirtschaftswissenschaftlers (z.B. Rossig/Prätsch [4]2002) oder eines Sozial- und Humanwissenschaftlers (z.B. Trimmel 1997) zu Rate ziehen. Die Werke dieser hier nur beispielhaft genannten Autoren haben mehr oder weniger deutlich die Signalwörter »wissenschaftliches Arbeiten« im Titel. Aber sie betrachten ihr Thema jeweils aus einem spezifischen Blickwinkel und kommen daher zu unterschiedlichen Empfehlungen. Es kann also gut sein, dass Sie umso unsicherer werden, je mehr Bücher Sie sich ansehen.

Es kommt hinzu, dass die einschlägigen Handreichungen häufig auf ein Niveau zielen, das von den Standards einer Examensarbeit abweicht. Die Handreichungen haben oft wissenschaftliche Arbeiten im Blick, die ein höheres Niveau haben, z.B. Dissertationen.

Für Studierende, die sich im Rahmen eines klassischen Lehramtsstudiums, im Rahmen eines Bachelorstudiums mit entsprechendem Schwerpunkt oder im Masterstudium (MA Ed/MA LA) auf eine Tätigkeit im Lehramtsbereich vorbereiten, empfiehlt es sich, vor allem die Konventionen innerhalb des Wissenschaftsbereiches »Pädagogik« zu er-

Techniken wissenschaftlichen Arbeitens

kunden und ihre Arbeit formal daran auszurichten. Auch hier werden Sie schnell bemerken, dass die Handhabung von Literaturverweisen und die formale Gestaltung von Literaturverzeichnissen in erziehungswissenschaftlichen Veröffentlichungen nicht einheitlich sind. Das hat mehrere Gründe:

- Bücher unterscheiden sich von wissenschaftlichen Abschlussarbeiten schon dadurch, dass sie in Verlagsprogrammen und Buchreihen erscheinen, die teilweise eigenen formalen Regeln und buchgestalterischen Gesichtspunkten folgen. Buchveröffentlichungen sind daher im formalen Bereich nicht immer mit wissenschaftlichen Abschlussarbeiten vergleichbar.
- Es kommt hinzu, dass bei vielen Büchern und Aufsätzen im Bereich der Pädagogik eine Orientierung an pragmatischen Gesichtspunkten im Vordergrund steht und Standards wissenschaftlichen Arbeitens nicht von vornherein vorausgesetzt werden können. Im Gegenteil: Ein großer Teil – auch wichtiger und grundsätzlicher Werke der Berufsliteratur von Lehrerinnen und Lehrern – ist eher als pragmatisch einzustufen. Da geht es darum, eigene Erfahrungen für andere aufzubereiten, Tipps und Praxislösungen zugänglich zu machen und die Leserin oder den Leser für pädagogisches Sehen, Denken und Handeln zu sensibilisieren. Das geschieht oft im Rahmen von pragmatischen Texten und insgesamt eher »beratenden« Büchern, die sich beispielsweise mit der Gestaltung von Regeln und Ritualen in der Schule, mit der Einführung des Buchstaben »M«, mit den didaktischen Strukturen einer Betriebsbesichtigung oder schlicht mit der nächsten Vertretungsstunde befassen.

In jedem Falle handelt es sich bei fast allen Texten, die Sie zu Gesicht bekommen, um Arbeiten, die veröffentlicht wurden und sich an einen weithin unbestimmten, unbekannten Adressatenkreis wenden, während Sie **Adressaten** die Adressaten Ihrer Arbeit bereits kennen. Es sind die betreuenden Leh-
der Arbeit renden. Ihr Werk wird ausschließlich von Personen gelesen, die in der Regel nicht Ratschläge, Hilfen oder Hinweise suchen, sondern Ihre Arbeit lesen, weil sie – im Auftrag eines Prüfungsamtes – bewerten müssen, ob und in welchem Grad Sie befähigt sind, ein Problem aus dem Bereich eines Ihrer Studienfächer (aus dem Bereich der Grundwissenschaften oder der Unterrichtsfächer) wissenschaftlichen Standards entsprechend zu bearbeiten.

Machen Sie sich zusätzlich bitte klar, dass Ihre Arbeit sehr wahrscheinlich unter einem erheblichen Zeitdruck gelesen wird. Ihre betreuenden Lehrenden lesen und bewerten in der Regel nicht nur eine Arbeit, sondern zehn oder deutlich mehr Arbeiten als Erst- und/oder Zweitgutachter in einem einzigen Semester. Es ist also keine Anbiederei, wenn Sie den Text zusätzlich zu den formalen Standards, die sie ohnehin einhalten müssen, möglichst lesefreundlich gestalten und formale Vorstellungen der Lehrenden berücksichtigen.

1.2 Zu diesem Band

Im nachfolgenden Text[1] geht es um Fragen des wissenschaftlichen Arbeitens bei der Erstellung von Seminar- und Examensarbeiten im pädagogischen Feld. Die Regeln wissenschaftlichen Arbeitens sind leider nicht so organisiert, dass sie in einem für alle verbindlichen Regelwerk, in einer Art »Duden«, nachgeschlagen werden könnten. Zwar gelten grundlegende Übereinkünfte, doch gibt es daneben auch erhebliche Abweichungen. Sie liegen dort auf der Hand, wo sie auf unterschiedlichen Anforderungen basieren: Es versteht sich von selbst, dass an ein Thesenpapier für eine Seminarveranstaltung andere formale Ansprüche gestellt werden als an Examens-, Bachelor-, Master- oder Doktorarbeiten. Die Abweichungen sind dagegen schwerer durchschaubar, wenn unterschiedliche wissenschaftliche Traditionen, z.B. eine eher geisteswissenschaftliche Haltung oder eine empirisch-sozialwissenschaftliche Ausrichtung, zu Grunde liegen.

Dreh- und Angelpunkte der Erarbeitung wissenschaftlicher Texte sind aber in jedem Fall die Formen

Schwerpunkte

* des Zitierens,
* des Verweisens und
* der Erfassung von Quellen.

Diesen Punkten widmet die vorliegende Schrift daher besondere Aufmerksamkeit. Die hier in den einzelnen Kapiteln beschriebenen Konventionen lassen sich – mit leichten Varianten – in vielen Publikationen des Faches Pädagogik wieder finden. Sie sollten aber im Auge behalten, dass sie nicht überall und nicht uneingeschränkt angewendet werden. Auch die einzelnen Lehrenden, die Ihre Arbeit betreuen und bewerten, haben möglicherweise unterschiedliche Vorstellungen und Vorlieben. Unterschiede können sich beispielsweise bei der Gestaltung von Literaturverweisen innerhalb des Textes, bei der Anlage des Literaturverzeichnisses, aber auch bei Fragen der Gliederung und der Schriftwahl ergeben. Eine gewisse Vereinheitlichung zeichnet sich in neueren Werken zum wissen-

---

1 In diesem Text wird die gültige Rechtschreibung verwendet. Eine gewisse Brechung entsteht dadurch, dass die zitierten Texte in ihrer Ursprungsschreibweise, also in der »alten Rechtschreibung« stehen.

schaftlichen Arbeiten insofern ab, als sich eine grundsätzliche Orientierung an der DIN-Norm 1505 durchgesetzt hat (z.B. Rost [3]2003; Kürschner [2]2003; Franck/Stary [11]2003). An diesen formalen Regeln orientiert sich auch dieser Band.

Inhaltlich beschränkt sich dieser »Leitfaden« jedoch nicht nur auf Formales. Vielmehr spannt er einen Bogen, der von der Prüfungsordnung ausgeht, die Planung, die Quellenrecherche und die Realisierung der Arbeit thematisiert, aber auch Fragen des Internet- und PC-Einsatzes anspricht und schließlich Checklisten für die Selbstkontrolle einbezieht.

Kapitel 2 • **Prüfungsordnung:** Die Vorschläge, Anregungen und Beispiele dieses Bandes beziehen sich schwerpunktmäßig auf Examensarbeiten, die im Rahmen der traditionellen Lehramtsstudiengänge zur Ersten oder Zweiten Staatsprüfung – beziehungsweise bei einer entsprechenden Schwerpunktsetzung als Bachelorarbeit oder Masterarbeit (MA Ed/MA LA) abgefasst werden. Da es sich hierbei um einen Prüfungsteil handelt, ist es unerlässlich, sich mit Fragen der Prüfungsordnung auseinander zu setzen.

Kapitel 3 • **Planungsphasen:** Wissenschaftliches Arbeiten vollzieht sich in unterschiedlichen Phasen. Was sich zunächst wie ein scheinbar unbezwingbarer Berg vor Ihnen auftürmt, setzt sich aus Teilstrecken und Etappen zusammen. In dem Maße, in dem sich die Gesamtleistung in überschaubare Phasen und Einzelschritte gliedert, lösen sich auch Schreibängste und Schreibblockaden auf. Neben den Kräften der Spontaneität und Kreativität, die immer erforderlich sind, wenn etwas Neues entstehen soll, kommt es auf eine langfristige Planung und eine schrittweise Einlösung der einzelnen Phasen an.

Kapitel 4 • **Formale Gestaltung:** Es ist gut, sich an die Ermutigung »Wege entstehen beim Gehen« (so das Motto einer »Pädagogischen Woche« an der Universität Oldenburg) zu halten. Im Rahmen Ihrer Prüfungsleistung ist es aber ebenso gut, darauf zu achten, dass unnötige Umwege vermieden werden. Daher ist es notwendig, frühzeitig formale Gestaltungsaspekte zu erkunden, die Alternativen abzuklären und sich dann zu entscheiden: Wer seine Texte von vornherein in der richtigen Schriftart und im richtigen Seitenspiegel erfasst, kann viel leichter abschätzen, welchen Umfang ein Abschnitt, ein Unterpunkt oder ein Kapitel bereits umfasst.

Kapitel 5 • **Aufbau der Arbeit:** Der Aufbau und die Gliederung wissenschaftlicher Arbeiten folgen der inneren Logik und Struktur der Themenstellung. Daneben sind aber auch Vorgaben zu beachten, die mehr oder weniger präzise eingehalten werden müssen.

- **Einbeziehung von Quellen:** Wissenschaftliches Arbeiten ist ein quellenbasiertes Arbeiten. In allen Wissenschaftsbereichen, insbesondere aber in den geisteswissenschaftlich ausgerichteten Disziplinen steht und fällt die Qualität einer Arbeit mit einer ausgiebigen, argumentativen Auseinandersetzung mit dem bereits veröffentlichten Wissen, d.h. mit der »Literatur zum Thema«. Eine zweckmäßige und formal richtige Einbeziehung von Zitaten und Verweisen ist unerlässlich. Auch hier gibt es Regeln und Konventionen, die beachtet werden müssen. Dies gilt sowohl für die Quellenhinweise im laufenden Text wie auch für das Literaturverzeichnis am Ende der Arbeit.

  Kapitel 6

- **PC und Internet:** Die Zeiten, in denen wissenschaftliche Arbeiten (auch Examensarbeiten) unter dem Motto »Ich will ja Lehrer werden« handschriftlich verfasst werden konnten, sind unwiederbringlich vorbei. Längst sind auch Schreibmaschinen (ganz gleich, ob mit Kugelkopf oder Typenrad ausgestattet) Ausstellungsstücke in Museen geworden. Die Textverarbeitung mit Hilfe des PC und der Einsatz des Internets bei der Recherche haben sich flächendeckend durchgesetzt. Textverarbeitungsprogramme, Grafikprogramme, Datenbankprogramme, Kalkulationsprogramme etc. bringen Erleichterungen und Beschleunigungen. Dies alles führt zu einem immer komplexer werdenden »handling«. Erinnern Sie sich daran, dass die klassische Schreibmaschine das große und das kleine Alphabet, die Ziffern von 0 bis 9 und eine Hand voll Sonderzeichen »beherrschte« – und sonst nichts. Vergleichen Sie das mit einer Textverarbeitung, die neben der Einbeziehung von Grafiken, Charts und Tabellen diverse Formatierungsmöglichkeiten, Silbentrennung, Fußnotenverwaltung, Gliederungsfunktion, Verweisfunktion, Indexierung, Rechtschreibkontrolle usw. bietet. Das kann Ihnen erhebliche Hilfen und Erleichterungen geben. Es führt aber auch zu immer höheren Ansprüchen an die Arbeit selbst (und damit an Sie!). Daher ist es sinnvoll, Funktionen, die für das Erstellen von wissenschaftlichen Arbeiten nützlich (oder unverzichtbar) sind, zu betrachten und sich rechtzeitig Gedanken über Notfälle zu machen.

  Kapitel 7

  Kapitel 8

- **Checklisten:** Wie bereits in der ersten Auflage dieses Leitfadens findet sich am Ende dieses Bandes eine Zusammenstellung von Checklisten, die Ihnen die Kontrolle und das »Abhaken« der großen Zahl von Gesichtspunkten, Empfehlungen und formalen Vorschriften vereinfachen sollen. Diese Checklisten sollen Ihnen auch die Vorbereitung der Beratungskontakte mit Ihrer Betreuerin oder Ihrem Betreuer erleichtern. Solche Gespräche sind in der Regel ergiebiger, wenn Sie in der Lage sind, konkret zu fragen und nachzufragen ... bis Sie in der entsprechenden Checkliste ein Häkchen setzen oder in das freie Feld einen Eintrag machen können.

  Kapitel 9

- **Musterseiten:** Der Orientierung dienen auch die Musterseiten. Mit ihrer Hilfe können Sie Formen des Zitierens, der Literaturerfassung, der Gestaltung von Titelseiten und rechtlichen Erklärungen schnell und unproblematisch nachschlagen.

Dieser Leitfaden will Ihnen Hilfen geben – nicht Vorschriften machen. Er soll es Ihnen erleichtern, sich auf die Inhalte Ihrer Arbeit zu konzentrieren, indem er Ihnen hinsichtlich der Formalien »den Rücken freihält«. Der Leitfaden enthält Beispiele und Lösungen, an denen Sie sich orientieren können, die Sie aber immer im Lichte *Ihrer* Probleme betrachten und ggf. in Absprache mit Ihren Betreuern und Gutachtern adaptieren müssen.

Dort, wo die formalen Regeln unterschiedliche Lösungen zulassen – und das ist an vielen Stellen der Fall –, bleibt dieser Leitfaden seiner ausgewiesenen Zielsetzung treu: Hier geht es um Examensarbeiten (Bachelorarbeiten, Masterarbeiten) im Bereich der Lehramtsstudiengänge. Diese Arbeiten müssen von Kandidaten in einer bestimmten Zeit geschrieben und von Gutachtern in einer bestimmten Zeit gelesen werden. Wenn unterschiedliche Lösungen möglich sind, dann versucht der Leitfaden, Eindeutigkeit der Angaben einerseits, mit Schreibgeläufigkeit und Leserfreundlichkeit andererseits zu verknüpfen.

2. Fragen zur Prüfungsordnung

Wenn man sich mit Studierenden unterhält, dann merkt man schnell: Alle Studierenden wissen, dass es eine Prüfungsordnung gibt, aber die wenigsten kennen sie. Natürlich darf man von Prüfungsordnungen keine Erleuchtung erwarten, aber ohne die Prüfungsordnung geht es definitiv auch nicht. Lange bevor Sie mit der eigentlichen Arbeit beginnen, müssen Sie beispielsweise wissen,

- welche inhaltlichen Anforderungen gestellt werden,
- wie viel Zeit Sie haben,
- ob es Themen- oder Fächerbegrenzungen gibt usw.

Suchen Sie rechtzeitig die Studienberatung auf oder fragen Sie Ihre zukünftige Betreuerin/Ihren Betreuer. Rechnen Sie damit, dass Ihnen auch diese Person nur begrenzt Auskunft geben kann. Das hat plausible Gründe: Einerseits gibt es an Ihrer Universität oder Hochschule mit Sicherheit mehrere Prüfungsordnungen mit unterschiedlichen Durchführungsbestimmungen zu den einzelnen Lehrämtern beziehungsweise zu den Bachelor- und Masterstudiengängen mit dem Schwerpunkt Lehramt. Daneben gibt es wahrscheinlich Diplom-, Magister- und Promotionsordnungen, in denen Pädagogik als Haupt- oder Nebenfach studiert werden kann, sodass ein kaum durchschaubares Dickicht von ähnlichen, aber unterschiedlichen Bestimmungen nebeneinander besteht. Richten Sie sich auf die Frage ein: »Nach welcher Prüfungsordnung studieren Sie?«

Studienberatung

Oft bestehen selbst in gleichen Studienfächern und gleichen Lehrämtern alte und neue Prüfungsordnungen nebeneinander, sodass die Frage nach der Prüfungsordnung durchaus ihre Berechtigung hat. Aber natürlich darf auch nicht verschwiegen werden, dass viele Lehrende wenig Interesse an diesen Randzonen der Wissenschaftsbürokratie haben. Daher gilt für alle Zweifelsfragen Ihres Studiums: Zu Risiken und Nebenwirkungen lesen Sie die Prüfungsordnung und fragen Sie Ihr Prüfungsamt oder Ihren Prüfungsbeauftragten.

In den Prüfungsordnungen und – sofern in Ihrem Bundesland vorhanden – in den Durchführungsbestimmungen steht alles, was Sie wissen müssen. Aber es steht vielleicht so verschachtelt und verschlüsselt darin, dass es Ihnen so fremd erscheint wie das Kleingedruckte eines Mietvertrages oder die Anleitung für ein asiatisches Brettspiel.

Dennoch: Eine detaillierte Auseinandersetzung mit »Ihrer« Prüfungsordnung ist hier aus nachvollziehbaren Gründen nicht möglich. Daher kann Ihnen dieser Leitfaden die Mühe, selbst nachzuschlagen oder vor Ort Rat einzuholen, nicht ersparen. Aber es ist möglich, vorab Fragen zu formulieren, die Sie am Ende mit Hilfe der für Sie geltenden Prüfungsordnung oder mit Hilfe einer (kompetenten) Studienberatung beantworten können sollten.

Praxis

Suchen Sie gezielt auf der Website Ihrer Hochschule. Benutzen Sie dafür eine Standard-Sucheinschränkung, die von vielen (wahrscheinlich von allen) Suchmaschinen akzeptiert wird.

Eingabe: *Lehrämter site:www.Ihre-Hochschule.de*

An die Stelle des Suchwortes »Lehrämter« können Sie versuchsweise auch die Wörter: Lehramt, Bachelor, Master etc. eingeben. Wahrscheinlich ist die Anzahl der Dokumente sehr groß. Sie sollten daher die Suche durch die Eingabe weiterer Suchwörter (mit Leertaste getrennt) schrittweise einschränken. Die Google-Suche nach einschlägigen Dokumenten der Universität Oldenburg brachte beispielsweise folgende Dokumentzahlen:

Eingabe	Dokumente
Lehrämter site:uni-oldenburg.de	541
Lehrämter Grundschule site:uni-oldenburg.de	184
Lehrämter Grundschule Prüfungsordnung site:uni-oldenburg.de	42
Lehrämter Grundschule Prüfungsordnung Hausarbeit site:uni-oldenburg.de	14

 Achten Sie darauf, dass die Begriffe durch eine Leertaste getrennt sind und dass auch vor der Einschränkung »site« eine Leertaste steht, während die Eingabe nach dem Doppelpunkt sofort (also ohne Leertaste) erfolgen muss (zum Umgang mit Suchmaschinen vgl. S. 50).

Die Zuständigkeit für Schulen, Unterricht und damit auch für Lehramtsstudiengänge liegt – aufgrund der Kulturhoheit – bei den einzelnen Bundesländern. Das Positive an dieser Aussage ist, dass das Lehramtsstudium und der Lehrerberuf etwas mit Kultur zu tun haben. Negativ mag es dagegen erscheinen, dass es aufgrund dieses Systems in den sechzehn Bundesländern jeweils eigenständige Prüfungsordnungen gibt. Es kommt hinzu, dass diese Prüfungsordnungen nach unterschiedlichen Lehrämtern ausdifferenziert sind und dass die Vorstellungen über die Lehrämter in den Bundesländern auseinander gehen. Das schlägt sich bereits in den

Lehramtsbezeichnungen nieder, so gibt es etwa für den Bereich der Grundschule die Begriffe:

- Lehramt für Grundschule (z.B. Bayern),
- Lehramt für die Primarstufe (z.B. Nordrhein-Westfalen),
- Lehramt für Grund- und Hauptschulen (z.B. Schleswig-Holstein),
- Lehramt für Grund-, Haupt- und Realschulen mit dem Schwerpunkt Grundschule (Niedersachsen/Prüfungsordnung von 1998),
- Master of Education (GHR).

Es muss wohl nicht besonders erwähnt werden, dass dies nicht nur unterschiedliche Namen sind, sondern dass sich dahinter jeweils eigene schul-, bildungs- und beamtenrechtliche Philosophien verbergen, die sich in einem Wust von Paragrafen und unterschiedlichen Einzelregelungen niederschlagen. Zu berücksichtigen ist ferner, dass aufgrund von Übergangsregelungen vielfach alte und neue Prüfungsordnungen nebeneinander bestehen.

Neue organisatorische Rahmenbedingungen ergeben sich in jedem Fall durch die Umstellung der traditionellen Lehramtsstudiengänge auf Bachelor- und Masterstudiengänge (Master of Education) mit der Berufsrichtung »Schule«. Dies alles zu entflechten ist im Rahmen des vorliegenden Bandes weder sinnvoll noch möglich. Dagegen erscheint es leistbar, die wichtigsten Bereiche einzugrenzen und mit Beispielen zu belegen. Insofern wird Ihnen die Lektüre der nachfolgenden Passagen zwar nicht immer verbindliche Antworten geben, sie kann Ihnen aber helfen, die richtigen Fragen zu stellen.

Neue Studiengänge

2.1 Vor der Meldung

Längerfristig sollten Sie einige Grundsatzfragen abklären. Ihre Studienplanung und Ihre Studienorganisation werden dadurch zielsicherer oder zumindest erleichtert.

- **Welche Prüfungsordnung gilt für Sie?** Aufgrund des Konglomerats rechtlicher Rahmenbedingungen, die mit Sicherheit auch an Ihrer Hochschule bestehen, ist es unerlässlich, zunächst die Frage zu klären, welche Prüfungsordnung für Sie gilt. Sie sollten sich nicht darauf verlassen, dass Sie von Ihren WG-Mitbewohnern (oder von Alt-Kommilitonen auf dem Weg zur Mensa) en passant die richtigen Auskünfte erhalten können. Eine Antwort erhalten Sie dagegen mit Sicherheit bei der Studienberatung, bei der Fachschaft, bei den Lehrenden oder beim Prüfungsamt selbst. Machen Sie sich aber darauf gefasst, dass man Sie fragt, in welchem Semester Sie in den entsprechenden Studiengang immatrikuliert wurden. Bei der Studienberatung oder beim Prüfungsamt werden Sie wahrscheinlich auch eine Prüfungsordnung (oder zumindest eine Kurzfassung davon) erhalten können. Klären Sie bei der Gelegenheit auch gleich ab, ob es spezifische Regelungen hinsichtlich der Abschlussarbeit für das Lehramt, das Sie anstreben, gibt.

Fachlicher Bezug

- **In welchen Fächern können Sie eine wissenschaftliche Hausarbeit/ Examensarbeit schreiben?** In der Regel gilt, dass Studierende, die eine Tätigkeit in der Grundschule anstreben, die Examensarbeit (Masterarbeit) wahlweise im Bereich der Erziehungswissenschaft (ggf. auch in Pädagogischer Psychologie) oder in einem ihrer Unterrichtsfächer schreiben können.[2] Werden die Schwerpunkte »Grund- und Hauptschule« oder »Grund-, Haupt- und Realschule« zu einem Studiengang zusammengefasst, dann gilt die Wahlmöglichkeit im Allgemeinen auch hierfür. Für die Sekundarstufe I müssen Sie aber bereits Einschränkungen beachten. Zwar kann es in begründeten Ausnahmefällen Sonderregelungen geben, die das Schreiben der Abschlussarbeit in den Grundwissenschaften ermöglichen, aber üblich ist das nicht. Für Studierende des Lehramts an Gymnasien (oder Sekundarstufe II) oder für das Lehramt an Berufsbildenden Schulen gelten häufig engere Vorgaben für die Wahl des Faches, dem die Examensarbeit/Masterarbeit zuzuordnen ist. Wenn Sie eins der letztgenannten Lehrämter anstreben, wird Ihre Examensarbeit/Masterarbeit in aller Regel nur in einem Unterrichtsfach möglich sein. Für Studierende des Lehramtes für Sonderpädagogik gelten in den Prüfungsordnungen spezielle Regelungen.

2.2 Die Meldung

Mit der Meldung zur Prüfung erreichen Sie eine entscheidende Phase Ihres Studiums. Daraus resultiert auch, dass Sie mit einer erhöhten Regelungsdichte rechnen müssen. Dies ist für sich genommen kein Nachteil, sofern Sie Antworten auf die folgenden Fragen kennen:

- **Wo müssen Sie sich melden?** Da es sich bei Lehramtsprüfungen um Staatsprüfungen handelt, ist das Prüfungsamt letztlich immer invol-

---

2 Auf Verweise auf einzelne Paragrafen (Absätze, Sätze) von Prüfungsordnungen muss durchgehend verzichtet werden. Bei sechzehn Bundesländern mit jeweils bis zu sechs Lehrämtern entstände ein unüberschaubarer Wust an Verweisen und an Verweisen auf Verweise zu jeder einzelnen Frage.

viert. Allerdings gibt es hinsichtlich der Abschlussarbeit (Examensarbeit/Masterarbeit) Unterschiede. In manchen Bundesländern werden die Themen *vor* der Meldung zum Staatsexamen von einem Lehrenden vergeben. Die bestandene Examensarbeit ist dann Voraussetzung für die *Zulassung* zum Staatsexamen (z.B. Bayern, Baden-Württemberg). In anderen Bundesländern ist die Abschlussarbeit ein Teil des Staatsexamens. Dann ist in der Regel eine Anmeldung beim Prüfungsamt erforderlich. In diesem Fall wird auch der Termin für den Beginn der Examensarbeit vom Prüfungsamt festgelegt. Eine zuverlässige Information darüber, was in Ihrem Falle gilt, können Sie bei der Studienberatung, aber auch bei den Fachschaften oder durch Lehrende und Mitstudierende erhalten.

- **Sind Meldefristen zu beachten?** Wenn die Meldung zur Abschlussarbeit über ein Prüfungsamt läuft, dann gibt es sehr wahrscheinlich auch Meldefristen, die Sie beachten müssen. Mit Sicherheit enthält »Ihre« Prüfungsordnung Aussagen über die erforderlichen Vorleistungen (Scheine, Praktika, Zwischenprüfungsnachweise etc.) und zeitliche Rahmenvorgaben, die beachtet werden müssen. Wenn Sie Meldefristen im engeren Sinne einhalten müssen, dann ergibt sich zusätzlich die Frage, wo die Meldefristen bekannt gegeben werden. Erkundigen Sie sich bei der Fachschaft, bei der Studienberatung oder beim Prüfungsamt selbst, ob und wo es ein Informationsbrett gibt.

Meldefrist

2.3 Das Thema

Das Thema Ihrer Abschlussarbeit ist von entscheidender Bedeutung. Sie sollten daher alle legalen Möglichkeiten nutzen, das Thema in Ihrem Sinne zu beeinflussen. Die Kenntnis der Spielregeln ist hier also von besonders großer Bedeutung.

- **Wer legt das Thema fest?** In vielen Bundesländern wird das Thema formal durch das Prüfungsamt erteilt. Allerdings können Sie in den meisten Fällen dem Prüfungsamt mindestens einen Prüfer (unter Umständen aber auch den Zweitprüfer) vorschlagen. Das hört sich gut an: In der Praxis ist dieses Vorschlagsrecht jedoch oft eingeschränkt, weil die Prüfer oft nur eine begrenzte Zahl von Studierenden zur Examensarbeit »annehmen«. (Zu der kompetenten Professorin oder ihrem freundlichen Kollegen, die Ihnen schon in der Einführungsvorlesung positiv aufgefallen sind, haben vermutlich auch andere Studierende Vertrauen gefasst.) Zwar gehört die Betreuung von Examensarbeiten zu den Dienstpflichten der Lehrenden (in der Regel nicht nur der Professoren), dennoch ist allein schon aufgrund der

Themenfestlegung

Zeitvorgaben für die Bewertung nachvollziehbar, dass Grenzen gesetzt sind: Zehn oder mehr Arbeiten (z.T. während des laufenden Semesters) in fünf oder sechs Wochen zu lesen und zu bewerten, ist eine Belastung, an der selbst gedopte Hochleistungssportler scheitern können: Wenn Sie also Erfolg haben wollen, dann sollten Sie rechtzeitig Themenvorstellungen entwickeln und Vorgespräche führen. Fragen Sie beim Prüfungsamt, bei Ihrem Institut oder bei der Fachschaft nach, ob und wo eine Liste der prüfungsberechtigten Lehrenden aushängt.

- **Wie geht es weiter?** Nehmen wir an, die Frage der Betreuung Ihrer Arbeit ist zu Ihrer Zufriedenheit gelöst. In der Regel geht es dann so weiter:
    - *Sie* schlagen dem Prüfer ein Interessengebiet, einen Teilbereich aus dem Fach oder ein relativ konkretes Thema vor.
    - *Der Prüfer* wird Ihre Vorschläge mit Ihnen erörtern, in der Regel mit Ihnen gemeinsam ein Arbeitsthema festlegen und dem Prüfungsamt vorschlagen, Ihnen ein spezielles Thema zu stellen.
    - *Das Prüfungsamt* erteilt Ihnen schließlich das Thema und wird es Ihnen form- und fristgerecht zustellen. Damit beginnt die Bearbeitungsfrist.

Wenn Sie meinen, dass dies doch sehr an das »Stille-Post-Spiel« von früheren Kindergeburtstagen erinnert, dann haben Sie nicht ganz Unrecht. Vielleicht ist das der Grund, warum im Zuge der Neuformulierung von Prüfungsordnungen das Thema zunehmend direkt im Einvernehmen zwischen Prüflingen und Lehrenden vereinbart werden kann (z.B. Schleswig-Holstein, Rheinland-Pfalz).

Abb. 1:
Schematischer
Ablauf der Themen-
festlegung

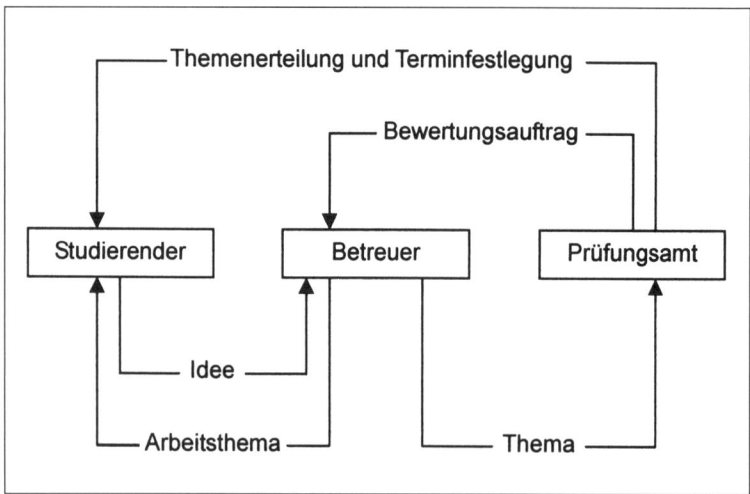

- **Kann das Thema zurückgegeben werden?** In einzelnen Bundesländern kann die Bearbeitung eines unerwarteten oder am Ende doch unerwünschten Themas (ohne weitere Begründung) abgelehnt werden. Wenn das Thema also wider Erwarten anders ausfällt, als Sie dies aufgrund der Vorgespräche erwartet haben, dann können Sie es in manchen Bundesländern innerhalb einer in der Prüfungsordnung festgelegten Zeit zurückgeben. Sie erhalten dann ein neues Thema. Dieses Rückgaberecht besteht aber nicht in allen Bundesländern und Sie können auch nur einmal davon Gebrauch machen: An das nächste Thema müssen Sie dann unwiderruflich ran.

2.4 Die Bearbeitungszeit

Die Bearbeitungszeit wird Ihnen bei der Zustellung des Themas offiziell mitgeteilt. Auf diesen Tag können Sie natürlich nicht warten. Unter organisatorischen Gesichtspunkten dürfte die Bearbeitungszeit wohl das heikelste Thema für Sie sein. Leider gibt es keine einheitlichen Regelungen. Daher müssen Sie diese Frage »vor Ort« klären:

Zeitrahmen

- **Wie viel Bearbeitungszeit steht zur Verfügung?** Die Bearbeitungszeit variiert je nach
  - Bundesland,
  - Lehramt und
  - Fach

  zwischen zwei und sechs Monaten. Die Bearbeitungszeit ist selbstverständlich auch von der Art der Prüfung (Bachelor-, Master- oder klassische Lehramtsprüfung) abhängig. Für die Auswahl eines Arbeitsbereiches oder eines konkreten Themenvorschlags ist es unerlässlich, die Zeitfrage vorab – mit Hilfe der Prüfungsordnung oder des Prüfungsamtes – zu klären. Erst auf dieser Basis können Sie ein sinnvolles Gespräch mit der Betreuerin/dem Betreuer führen.
- **Gibt es Sonderregelungen für Schwerbehinderte oder Körperbehinderte?** Wenn Sie zu diesem Personenkreis zählen, sprechen Sie diese Frage explizit an: In manchen Bundesländern enthält die Prüfungsordnung Sonderregelungen. Wenn in Ihrem Bundesland die Prüfungsordnung keine entsprechende Regelung vorsieht, sollten Sie im Bedarfsfall die Möglichkeit eines Einzelantrages erwägen: Stellen Sie einen Antrag an das Prüfungsamt und begründen Sie ihn beispielsweise mit dem größeren Zeitbedarf, mit der erschwerten Literaturrecherche und Literaturbearbeitung. Eine Unterstützung durch die betreuende Lehrperson ist zwar nicht notwendig, aber sicherlich nützlich.

Sonderregelungen

● **Sind Verlängerungen möglich?** Generell sind Verlängerungen möglich, wenn es dafür relevante Gründe gibt. Das kann eine Erkrankung sein – es können aber auch andere Umständen, die der Prüfling nicht zu verantworten hat, eintreten, die eine Verlängerung rechtfertigen:

– *Erkrankung:* Wenn Sie dem Prüfungsamt eine Arbeitsunfähigkeitsbescheinigung vorlegen, dann bedeutet das ja wortwörtlich, dass sie unfähig sind zu arbeiten. Fügen Sie einen Antrag auf Verlängerung bei, dann verlängert sich die Bearbeitungszeit logischerweise. Aber Vorsicht! Der Teufel steckt im Detail: Teilweise gilt, dass die Arbeitsunfähigkeit amtsärztlich nachgewiesen werden muss. Teilweise darf die Unterbrechung eine bestimmte Dauer nicht überschreiten (z.B. nicht mehr als vier Wochen), sonst ist ein neues Thema zu beantragen.

– *Besonderheiten der Arbeit:* Lehrende können unter bestimmten Bedingungen (meist dann, wenn die Arbeit experimentelle oder empirische Anteile enthält) von vornherein oder auch während der laufenden Arbeit eine verlängerte Bearbeitungszeit beantragen. (Manchmal ist es erforderlich, dass die Studierenden dies zunächst beantragen und die Betreuerinnen/Betreuer dem Prüfungsamt gegenüber ihre Zustimmung erklären.)

– *Weitere Gründe:* Studierende können auch aus anderen wichtigen Gründen eine Verlängerung der Bearbeitungszeit beantragen, wenn sie dadurch an der rechtzeitigen Abgabe gehindert sind. Ob das Prüfungsamt zustimmt, liegt in dessen Ermessen. In der Regel müssen die Studierenden glaubhaft belegen, dass Sie unverschuldet in Zeitnot geraten sind. Achten Sie zusätzlich darauf, dass es Sperrfristen gibt. Eine Verlängerung muss in den meisten Fällen deutlich vor dem Abgabetermin beantragt werden. (Also: Am letzten Tag beim Prüfungsamt vorstellig werden und behaupten, die Festplatte sei abgestürzt, ist keine empfehlenswerte Strategie.)

Es ist vernünftig, in der Prüfungsordnung die Möglichkeiten zur Verlängerung rechtzeitig zu eruieren und in begründeten Fällen mit der Betreuerin/dem Betreuer die entstandenen Probleme zu besprechen. Ausschlaggebend bleibt aber in jedem Fall die Zustimmung durch das Prüfungsamt.

2.5 Die Bearbeitungsform

Auch im Hinblick auf Art und Form der Bearbeitung gibt es durch die Prüfungsverordnungen unterschiedliche Vorgaben. Erkunden Sie, was unter Ihren Arbeitsbedingungen gilt:

- **In welcher Sprache muss die Arbeit abgefasst werden?** Dass die Arbeit in deutscher Sprache abgefasst werden muss, erscheint Ihnen vielleicht als Selbstverständlichkeit. Ausnahmen hiervon können sich aber ergeben, wenn Sie die Examensarbeit in einem neusprachlichen Unterrichtsfach schreiben. Je nach Bundesland gibt es dann unterschiedliche Regelungen: Teils *können* die Arbeit insgesamt oder einzelne Kapitel in der entsprechenden Fremdsprache verfasst werden, teils *müssen* zumindest bestimmte Kapitel (Zusammenfassung) fremdsprachlich verfasst werden.

  Fremdsprache

- **Sind Gruppenarbeiten möglich?** Geteiltes Leid ist halbes Leid! Wenn Sie auch so denken, prüfen Sie in der für Sie geltenden Prüfungsordnung, ob Gruppenarbeiten möglich sind. Es kann gut sein, dass Sie fündig werden. Naturgemäß sind solche Arbeiten aber an Bedingungen geknüpft. Es kann sein, dass die kooperative Arbeit an die Bedingung geknüpft ist, dass das Thema eine Gruppenarbeit erforderlich macht. In jedem Fall müssen die individuellen Anteile der Beteiligten als selbstständige Prüfungsleistung deutlich erkennbar sein. Da das Abfassen einer Examensarbeit fast immer »an die Substanz geht«, sollten Sie sich gut überlegen, ob Sie geeignete Kooperationspartner haben, mit denen Sie sich über Wochen (oder Monate) auf »Gedeih und Verderb« verbinden wollen. Sinn macht das nur, wenn, z.B. bei empirisch orientierten Themen, gleichwertige eigenständige Teile des Themas identifiziert werden können.

  Gruppenarbeit

- **Gibt es Aussagen über den Umfang?** Diese Frage wird Sie vielleicht am meisten interessieren: Welchen Umfang soll die Arbeit haben? Für einige Bundesländer ist die Frage definitiv zu beantworten, weil Prüfungsordnungen dazu Stellung nehmen. Derzeit gelten zum Beispiel folgende Regelungen:
  – 50 Seiten (Schleswig-Holstein),
  – 60 Seiten (Mecklenburg-Vorpommern).
  Solche Festlegungen sind aber eher problematisch, weil der Textumfang letztlich auch vom Thema und vom persönlichen Schreibstil abhängt: Wer eine empirische Untersuchung gemacht hat, fasst arbeitsreiche und brisante Ergebnisse vielleicht in wenigen Tabellen zusammen – und bleibt trotz einer klugen, inhaltsreichen Arbeit möglicherweise unter dem Limit. Wer dagegen die Geschichte der Pädagogik für sein Thema bemühen muss, braucht unter Umständen schon zehn oder mehr Seiten, um seine Argumentation überhaupt nur richtig einzubetten. Es kommt hinzu, dass die Auswahl der Schrifttype, des Schriftgrades, des Zeilenabstandes und die Festlegung der Seitenränder die Seitenzahl erheblich verändern können, ohne dass eine einzige Zeile mehr oder weniger geschrieben wird. Eine Festlegung der Seitenzahl führt also dazu, dass auch weitere Parameter (Zeilen pro Seite,

Textumfang

Anschläge pro Zeile oder Gesamtzahl der Anschläge) festgelegt werden müssen. In der Mehrzahl der Prüfungsordnungen finden sich keine Umfangsangaben. Es lässt sich aber nicht verleugnen, dass einzelne Lehrende recht rigide Vorstellungen bezüglich des Umfangs einer Examensarbeit haben und die Einhaltung von Obergrenzen unerbittlich einfordern. Das mag zunächst unverständlich wirken. Bedenken Sie aber bitte, dass der/die betreuende Lehrende nicht nur Ihre Arbeit liest, sondern sehr wahrscheinlich etliche weitere, und zwar in einer vom Prüfungsamt vorgegebenen Zeit. Scheuen Sie sich also nicht, nach oberen und unteren Umfangsgrenzen zu fragen. Möglicherweise erhalten Sie keine eindeutige Antwort, weil Ihre Betreuerin/Ihr Betreuer Ihren Schreibstil nicht kennt. Dennoch werden Sie aus dem Beratungsgespräch zumindest eine Tendenz heraushören können.

● **Welche weiteren Einzelpunkte müssen beachtet werden?** Jetzt kommen noch einige Einzelpunkte, die von Bedeutung sind. Auch wenn Sie sich, z.B. als angehende Grundschullehrerin/als angehender Grundschullehrer, eine noch so korrekte Handschrift angeeignet haben:

Einzelaspekte

  – Die Arbeit muss maschinenschriftlich abgefasst sein.
  – Die Arbeit muss gebunden sein.
  – Einige Prüfungsordnungen fordern ausdrücklich eine Nummerierung der Seiten und eine ausführliche Inhaltsübersicht.
  – Dass Sie eine Zusammenstellung der benutzten Quellen anfügen müssen, versteht sich von selbst.

Ferner ist am Ende der Arbeit eine rechtliche Erklärung abzugeben. Zu erklären ist in allen Fällen, dass

  – die Arbeit selbstständig verfasst wurde,
  – keine anderen als die angegebenen Hilfsmittel benutzt wurden,
  – alle Textpassagen, die anderen Werken dem Wortlaut oder Sinn nach entnommen wurden, als Entlehnung kenntlich gemacht worden sind.

Die entsprechenden Passagen sind in den unterschiedlichen Prüfungsordnungen nahezu wortgleich.

2.6 Die Abgabe der Arbeit

Sie haben Ihre Abschlussarbeit rechtzeitig fertig gestellt. Jetzt müssen Sie nur noch aufpassen, dass Ihnen kein Formfehler bei der Abgabe unterläuft.

● **Wie viele Exemplare der Arbeit müssen abgegeben werden?** Die Arbeit ist je nach Bundesland in zweifacher Ausfertigung oder dreifacher Ausfertigung abzugeben. Schlagen Sie in der Prüfungsordnung nach oder fragen Sie die Betreuerin/den Betreuer.

- **Wo muss die Arbeit abgegeben werden?** Da Arbeiten aller Erfahrung nach häufig unter großem Zeitdruck vollendet werden (Fehlerkontrolle, Kopieren, Binden benötigen oft mehr Zeit als erwartet), sollten Sie die Antwort auf diese Frage unbedingt abklären. In der Regel muss die vorgeschriebene Anzahl von Arbeiten beim Prüfungsamt abgegeben werden. In Einzelfällen kann aber auch vorgeschrieben sein, dass die Arbeit direkt bei dem Lehrenden abzugeben ist, der das Thema erteilt hat oder dass ein Exemplar an den Lehrenden und ein zweites Exemplar beim Prüfungsamt vorgelegt werden muss.

  Erkundigen Sie sich also rechtzeitig nach den Regelungen Ihrer Prüfungsordnung. Es nützt wenig, wenn die Arbeit zwar fristgerecht, aber beim falschen Empfänger eingeht.

- **Kann die Frist auch durch Abgabe per Post eingehalten werden?** Wenn Sie der Typ sind, bei dem es zum Schluss auf Stunden ankommt, dann ist es besser, vorab die Frage zu klären, ob eine rechtzeitige Einlieferung bei der Post (Poststempel) ausreicht oder ob eine Einlieferung per Einschreiben erforderlich ist. Noch wichtiger ist allerdings die Frage, wie die Fristeinhaltung dokumentiert wird: durch die Einlieferung bei der Post (Abgangsstempel) oder durch den rechtzeitigen Eingang beim Prüfungsamt (Eingangsstempel). Klären Sie das vorher, falls der Postweg für Sie in Betracht kommt.

Poststempel

2.7 Wenn's schief läuft

Natürlich wird bei Ihnen nichts schief laufen, deshalb können Sie die letzten Fragen auch überspringen. Wenn Sie sich die Fragen und Antworten aber trotzdem ansehen, dann werden Sie bemerken, dass auch die Schieflage zu meistern ist.

- **Was passiert, wenn die Frist nicht eingehalten wird?** Die Nichteinhaltung der Frist wird in allen Bundesländern mit der Bewertung »nicht bestanden« oder mit der Note »ungenügend« quittiert. Das ist schlimm, aber es bedeutet formal nur, dass dieser Prüfungsteil (noch) nicht bestanden ist und dass dieser Prüfungsteil wiederholt werden muss. So bitter das im Einzelfall auch ist: Das ist noch keine Barriere für eine künftige Karriere. Wenn allerdings auch der zweite Versuch nicht mindestens mit »ausreichend« bewertet wird, dann ist die Prüfung endgültig nicht bestanden. (Falls Lehrerin oder Lehrer ohnehin nicht Ihr Traumberuf war, haben Sie dann die Gelegenheit für einen Neuanfang.)

- **Wann muss die Wiederholung der Arbeit erfolgen?** Die Meldung zur Wiederholung ist häufig vom Zeitschema der üblichen Termine entbunden. Der Ablauf sollte aber so gewählt werden, dass sich die neue Bearbeitungszeit gut in den Terminzyklus der Folgeprüfungen einordnen lässt. Diese Frage muss also unbedingt mit dem Prüfungsamt geklärt werden.
- **Auf ein Wort noch ...** Wenn Sie den Abgabetermin aus Gründen, die Sie bei sich selbst suchen müssen, nicht einhalten konnten, dann befinden Sie sich sicherlich in einer schwierigen psychischen Situation. Vielleicht liegt es an Ihrem Arbeitsstil oder an überzogenen Erwartungen an sich selbst? (Viele Studierende gehen an Ihre Abschlussarbeit mit so hohen Ansprüchen heran, als ob sie eine Dissertation schreiben wollten.)

Professionelle Beratung

In jedem Fall sollten Sie Rat und Zuspruch suchen, wenn etwas schief läuft. Gute Freunde, Eltern und Verwandte (vielleicht auch Ihre Betreuerin/Ihr Betreuer) können Ihnen sicherlich über die ersten Schwierigkeiten hinweghelfen. Scheuen Sie sich aber nicht, auch professionelle Beratung in Anspruch zu nehmen: Suchen Sie eine Psychosoziale Beratungsstelle auf (diese oder eine ähnliche Einrichtung gibt es an Ihrer Hochschule sicherlich auch), und lassen Sie sich beraten. Diese Profis können Ihnen sicherlich Kontakte zu Arbeits- und Trainingsgruppen vermitteln, die sich mit dem Abbau von Prüfungsängsten und dem Aufbau von Bewältigungsstrategien beschäftigen. Wenn Sie nicht wissen, ob eine entsprechende Beratungsstelle an Ihrer Hochschule angegliedert ist, dann fragen Sie bei der Fachschaft oder bei Ihrem betreuenden Lehrenden nach.

Noch besser ist es, Sie nehmen solche Kontakte auf, bevor Ihre Planung aus den Fugen geraten ist: Warum sollten Sie nicht vorher schon einmal die Hilfs- und Beratungsmöglichkeiten Ihrer Hochschule ausloten? Als zukünftige Lehrerinnen und Lehrer kann Ihnen diese Erfahrung in jedem Falle nützlich sein.

3. Planung und Strukturierung der Arbeit

Für die wissenschaftliche Abschlussarbeit in den lehrerbildenden Studiengängen steht ein Zeitrahmen von zwei bis sechs Monaten zur Verfügung. Die Dauer schwankt also in erheblichem Umfang und ist vom Lehramt, von der Art des Abschlusses und vom Bundesland abhängig. In jedem Fall stehen Sie vor einem relativ großen Arbeitsabschnitt. Zur offiziellen Bearbeitungszeit tritt Ihre interne Vorbereitungszeit hinzu, sodass Sie sich, grob gerechnet, auf eine Gesamtzeit von einem halben bis einem dreiviertel Jahr (oder mehr) einstellen müssen. Natürlich könnten Sie sich in dieser Zeit Schritt für Schritt den jeweiligen Anforderungen stellen und auf diese Weise zum Ziel gelangen, aber klug wäre das nicht. Besser ist es, sich einmal mit grundlegenden Arbeits- und Zeitphasen zu beschäftigen und sich eigene Planungsziele zu setzen.

3.1 Ziele, Formen und Merkmale

Machen Sie sich zunächst klar, was der Zweck Ihrer Abschlussarbeit ist, und was von Ihnen erwartet wird. In allen einschlägigen Prüfungsordnungen taucht das Wort »wissenschaftlich« in Verbindung mit der schriftlichen Arbeit (schriftliche Hausarbeit, wissenschaftliche Hausarbeit, Prüfungsarbeit, Examensarbeit werden als synonyme Begriffe verwendet) auf. Im Kern geht es dabei um folgende Forderung: Die Arbeit soll erkennen lassen, dass die Verfasserin/der Verfasser (also, *Sie*)

- mit wissenschaftlichen Arbeitsweisen vertraut ist (in der Lage, nach **Anforderungen** wissenschaftlichen Methoden zu arbeiten),
- selbstständig urteilen kann (zu selbstständigem Urteil befähigt),
- Inhalte sprachlich und sachlich richtig darstellen kann.

Insgesamt ist das Erstellen einer »wissenschaftlichen Hausarbeit« zweifellos eine anspruchsvolle Aufgabe. Die Bewältigung dieser Aufgabe drückt sich in der Strukturierung der Gedankenführung, im Grad der Eigenständigkeit, im sachlichen Gehalt der Argumentation sowie in der Auswahl und Anwendung von Methoden aus. Der Oberbegriff »wissenschaftlich« ist also in Teilqualitäten auflösbar, die in Teilschritten abgearbeitet werden können und daher durchaus zu bewältigen sind. Im Zusammenhang mit einer Abschlussarbeit bedeutet »wissenschaftlich arbeiten« u.a.:

Wissenschaftliches Arbeiten

- den Aufbau klar und sachlogisch zu gliedern,
- Begriffe zu definieren und ggf. zu präzisieren,
- Fachbegriffe zu verwenden,
- unterschiedliche Standpunkte darzustellen und zu bewerten,
- die Bedingungen, Begrenzungen und den Geltungsrahmen von Aussagen zu erörtern,
- widerspruchsfrei zu argumentieren,
- Bewertungen zu begründen,
- eigene Arbeitshypothesen zu entwickeln und zu überprüfen,
- eigene Auffassungen differenziert darzustellen und zu begründen,
- die Prämissen der eigenen Position aufzuzeigen,
- Gegenargumente zu prüfen und zu diskutieren,
- den Ertrag eines Diskurses nachvollziehbar darzustellen,
- methodische Gesichtspunkte des eigenen Vorgehens zu erörtern,
- ggf. den Untersuchungsweg zu dokumentieren,
- die Ergebnisse vor dem Hintergrund der Arbeitshypothesen zu interpretieren und in die Diskussion einzuordnen,
- Mängel, offene Fragen (der eigenen Ergebnisse) oder Desiderate (der Forschungslage) zu erfassen.

Auf der formalen Ebene gehören das korrekte Zitieren und Verweisen sowie ein geordneter Quellennachweis (Literaturverzeichnis) zur wissenschaftlichen Arbeit. Sie sichern die »Kontrollierbarkeit« Ihrer Argumentation. Wie weiter oben schon klar geworden ist, steht die Arbeit zusätzlich unter dem Postulat, dass sie sprachlich einwandfrei sein muss. Auch wenn Sie Grafiken, Tabellen, Diagramme, Charts oder Screenshots einfügen: Von zentraler Bedeutung bleibt in der schriftlichen Darstellung die Sprache selbst. Sie soll korrekt, flüssig und dem Zweck der Arbeit angemessen sein. Bleiben Sie sich dieser Anforderung bewusst und vermeiden Sie Wortspiele, Ironie oder witzige Bemerkungen ebenso wie Appelle an die Leserschaft – denn Ihre Leserschaft besteht ausschließlich aus den betreuenden Hochschullehrern, deren Beschäftigung mit Ihrem Text unter dem Anspruch erfolgt, sich in einem Gutachten dazu zu äußern, ob Ihre Arbeit inhaltlich und formal den Ansprüchen wissenschaftlichen Arbeitens gerecht wird. Lassen Sie sich nicht von einem einschlägigen Thema (z.B. »Kreativität im Spielverhalten von Kindern«) zu einem falschen Schreibstil (z.B. eigene Sprachspielereien innerhalb Ihres Textes) verführen. Originalität sollen Sie bei einer wissenschaftlichen Arbeit natürlich entfalten, aber sie muss sich auf die Durchdringung des Themas beziehen. Ihre Aufgabe besteht nicht darin, Ihre Gutachter zu unterhalten –

sonst könnten Sie Ihre Arbeit auch mit einem Daumenkino »aufmotzen« – dick genug wäre sie ja vermutlich.

Ganz allgemein gilt für wissenschaftliche Arbeiten, dass sie sich über weite Strecken hinweg mit vorhandenem Wissen (»Literatur«) auseinander setzen müssen. Dabei wird der aktuelle Forschungs- und Diskussionsstand unter spezifischen Problemperspektiven sachlich dargestellt und erörtert. Dies ist, wenn es auf gehobenem Niveau erfolgt, eine durchaus anspruchsvolle Anforderung.

Das Bemühen um Sachlichkeit drückt sich häufig in einem distanzierten, unpersönlichen Schreibstil aus. Die Stellung der Verfasserin oder des Verfassers tritt im Vergleich zu anderen Textarten über weite Strecken in den Hintergrund. In diesem Zusammenhang stellt sich die Frage, ob und in welchem Umfang das Wort »ich« verwendet werden soll. Hier gibt es unterschiedliche Auffassungen. Eco, dessen Buch zum wissenschaftlichen Arbeiten seit mehr als einem Vierteljahrhundert auf dem Markt ist ([10]2003), vertritt die Auffassung, dass man das »ich« vermeiden und sprachlich ein »wir« bevorzugen sollte: »Man sagt ›wir‹, weil man davon ausgeht, dass eine Feststellung von den Lesern geteilt werden kann ... Allenfalls kann man versuchen, Personalpronomen ganz zu vermeiden, indem man auf unpersönliche Ausdrücke ausweicht wie: ›Man muss also zu dem Schluss kommen, dass‹ ...« (Eco [10]2003, S. 195f.).

Die Forderung, dass ein wissenschaftlicher Text die schreibende Person ausklammern muss, stellte lange Zeit den Standard dar und ist auch heute noch verbreitet. Sie beruht auf dem Wunsch, Objektivität und Intersubjektivität zu wahren. Diese absolute Wertneutralität ist aber eine Illusion: Jede Wahrnehmung von Realität und erst recht jede Erinnerung enthält Elemente, die erst durch kognitive Konstruktionen zustande kommen. Auch die Wertneutralität der Sprache ist eine Fiktion. Zwar bleibt Wissenschaft unstrittig der Objektivität verpflichtet. Unstrittig ist aber auch, dass die Vermeidung des Personalpronomens »ich« keinerlei Gewähr dafür bietet, dass ein Sachverhalt objektiv, wertneutral oder widerspruchsfrei dargestellt wird. Eine Beschränkung, wie Eco sie vornimmt, erscheint mir – ganz unabhängig von der Art der Abschlussarbeit – ungeeignet, Objektivität herzustellen. Aus meiner Sicht sind bei der sprachlichen Gestaltung drei Bereiche zu unterscheiden:

- Texte, in denen Sie den vorhandenen Wissensstand referieren,
- Texte, in denen Sie eine deutliche Strukturierung und Gewichtung von Elementen oder von Argumenten des vorhandenen Wissens vornehmen,
- Texte, in denen Sie Ihre eigenständigen Folgerungen, Vermutungen und Bewertungen vortragen und die Ergebnisse aus Ihrer individuellen Sicht darstellen.

Sprachliche Gestaltung

Textarten

Wenn Sie den Argumentations- und Diskussionsstand referieren, dann sollten Sie als Autorin oder Autor eher »unsichtbar« sein. In diesen Teilen geht es ja nicht um Sie, sondern explizit um den Sachstand. Dabei sind Sie natürlich implizit immer präsent, weil Sie es sind, der die Perspektive der Darstellung wählt und sie versprachlicht. Ihre Formulierungen sollten den darstellend/referierenden Zugang zur Literatur deutlich machen: Schreiben Sie nicht, wie Sie an das Wissen gelangt sind, sondern wie das bisherige Wissen strukturiert ist.

Beispiel
Schreiben Sie nicht: »Durch die Lektüre des Werkes von Paul Heimann habe ich gelernt, dass man den Didaktikbegriff folgendermaßen strukturieren kann ...«, sondern
– »Heiman strukturiert den Didaktikbegriff wie folgt ...«,
– »Aus Heimanns Ausführungen ergibt sich ...«,
– »Aus Heimanns Argumentation folgt ...« oder
– »Als zentraler Begriff der Didaktik Heimanns kann der Begriff der ›Interdependenz‹ hervorgehoben werden, den Heimann inhaltlich wie folgt bestimmt ...«.

Eigene Positionen

Wenn Sie über die reine Darlegung einer Position hinausgelangen und sich mit einem Standpunkt wertend, kommentierend, strukturierend oder vergleichend auseinander setzen, fangen Sie an, der Argumentation Ihren geistigen Stempel aufzudrücken. Dies wird unvermeidlich auch sprachlich zum Ausdruck kommen, weil es hier im Wesentlichen um *Ihre* Strukturierung und *Ihre* Gewichtung einzelner Element – zusammenfassend: um die Summe *Ihres* Beitrags zum Diskurs – geht. Dennoch können Sie sich an vielen Stellen auch weiterhin im Hintergrund halten: Der Leser weiß ohnehin, dass *Sie* es sind, der den Text verfasst hat. Aber es schadet auch nicht, Ihre Autorenschaft sichtbar zu machen.

Beispiel
– »Trotz erheblicher Unterschiede gibt es viele Gemeinsamkeiten zwischen Montessori und Freinet, die sich wie folgt zusammenfassen lassen ...«.
– »Trotz erheblicher Unterschiede gibt es viele Gemeinsamkeiten zwischen Montessori und Freinet, die ich nachfolgend darstelle ...«.

Wenn Sie jedoch neue Strukturierungen vornehmen, Argumente gewichten oder Ihre eigenständigen Bewertungen zum Ausdruck bringen, dann erscheint es mir notwendig darauf hinzuweisen, dass es sich bei den Gedanken nicht um allgemeine Einsichten oder um einen allgemeinen Konsens handelt, sondern um Ihre subjektive Sichtweise, um Ihr subjektives »Hier stehe ich. – Ich kann nicht anders«. Auch wenn Sie – was stillschweigende Voraussetzung ist – die Bedingungen, unter denen Ihre Perspektive zustande kommt, offen legen und den Geltungsanspruch plausibel einschränken, muss es das Recht des Lesers bleiben, Ihnen zu folgen oder Ihre Folgerungen zu kritisieren. Die Verwendung des Wortes »ich« ist in diesem Zusammenhang Ausdruck Ihrer individuellen Perspektive.

Individuelle Perspektive

Beispiel
»Hinsichtlich der Freiarbeit lassen sich zwischen Montessori und Freinet inhaltliche Differenzen aufweisen. Dabei erscheint mir der Ansatz von … aus folgenden Gründen für die aktuelle Situation von Grundschulkindern besonders bedeutsam …«

3.2 Arbeitsplanung

Sie stehen vor einer Arbeit, die aufgrund der Dauer, des Anspruches und des Gewichtes für Ihr Studium, hohe Anforderungen stellt. Sie ist nicht im Rahmen eines verlängerten Wochenendes zu bewältigen, sondern wird mehrere Monate lang Ihre Pläne dominieren. Da erscheint es sinnvoll, einige allgemeine Vorüberlegungen anzustellen.

Langfristige Planung

3.2.1 Allgemeine Vorbereitung

In der vor Ihnen liegenden Zeit sind Sie wahrscheinlich in stärkerem Maße auf verlässliche Strukturen angewiesen, als dies in der bisherigen Studienzeit der Fall war. Im Kern lassen sich drei unterschiedliche Bereiche voneinander abheben, die den Rahmen für Ihre Abschlussarbeit bestimmen. Sie betreffen die Basisversorgung, die Arbeitsmittel und das Zeitmanagement.

Ressourcenmanagement

Die Erarbeitung einer Examensarbeit ist ein ressourcenintensives Unterfangen. Prüfen Sie vorab Ihre persönliche Situation.

● Viele Studierende sind darauf angewiesen, während der veranstaltungsfreien Zeit (sofern sie nicht mit Praktika belegt ist) und oftmals auch während des Semesters Geld zu verdienen. Wenn Sie zu dieser Gruppe gehören, dann versuchen Sie, lange bevor Sie in die Arbeit

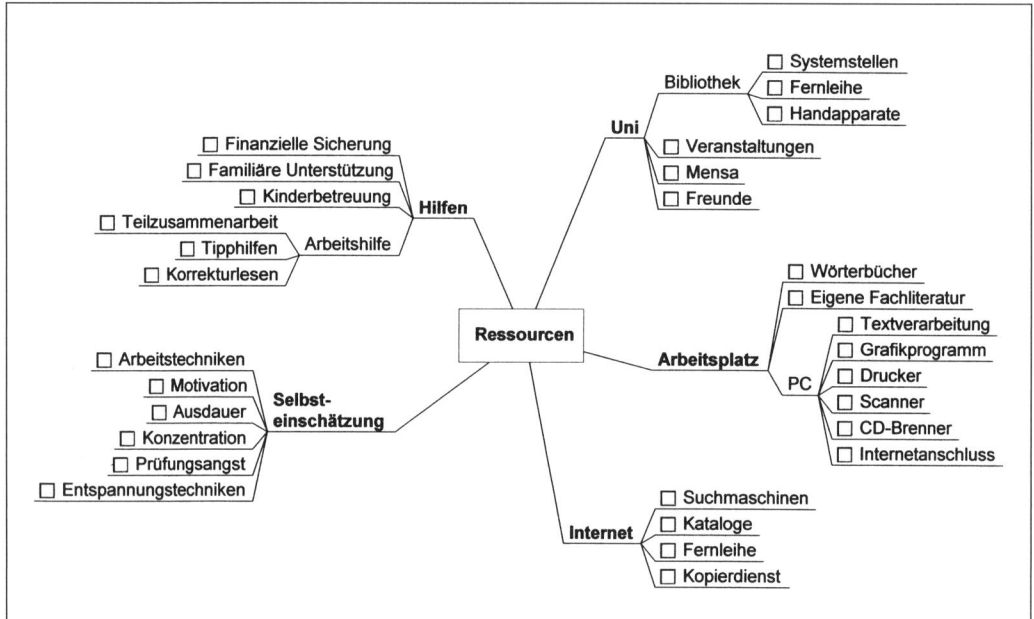

Abb. 2:
Prüfung der
Ressourcen

eintreten, zu klären, wie Sie die notwendigen Ressourcen sicherstellen können. Konkret: Wie Miete und Lebensunterhalt bestritten werden können. Ihr Ziel muss es sein, zumindest die Kernzeit, in der Sie mit der eigentlichen Examensarbeit beschäftigt sind, von Zusatztätigkeiten freizustellen. Ratschläge und Empfehlungen sind kaum möglich. Neben den großen Stipendien gibt es an Ihrer Hochschule vielleicht auch befristete Stipendien, die Sie mit einem kleinen, aber regelmäßigen Betrag für die Zeit der Abschlussarbeit unterstützen können.

- Während der Erarbeitung benötigen Sie wahrscheinlich in bestimmten Phasen auch eine soziale Unterstützung. Klären Sie, mit wem Sie über Ihre Arbeit sprechen können, wenn Sie in eine Sinnkrise geraten. Vereinbaren Sie ggf. mit Kommilitoninnen und Kommilitonen einen losen Arbeitskreis, z.B. mit Studierenden, die bei den gleichen Lehrenden Ihre Arbeit schreiben, oder mit Studierenden, die an einem vergleichbaren Thema arbeiten.

Arbeitsmittel

Ihre Arbeit wird sich über weite Strecken auf Literatur stützen. Daher sind Bücher mit Sicherheit Ihre wichtigsten Arbeitsmittel.

● **Fachliteratur:** Wer wissenschaftlich arbeitet braucht Fachliteratur. Prüfen Sie rechtzeitig, ob und welche Titel für Ihre Arbeit so wichtig sind, dass Sie sie gründlich durcharbeiten müssen: Nicht nur »eigener Herd ist Goldes wert« – auch eigene Bücher mit eigenen Anmerkungen, die ohne Zeitlimit zur Verfügung stehen, stellen für Ihre Abschlussarbeit eine wichtige Ressource dar.

  – Entscheiden Sie früh, welche Bücher Sie anschaffen können (oder sich zu Weihnachten schenken lassen können) und bei welchen Sie mit Kopien oder einer Ausleihe zurechtkommen.

  – Wer anspruchsvolle Texte liest, braucht Wörterbücher. Sorgen Sie dafür, dass Sie ein Fremdwörterbuch zur Hand haben, damit Sie Fachbegriffe wie »Apographon« oder »Archilochios« nachschlagen können, wenn Sie bei der Lektüre darauf stoßen.   **Hilfsmittel**

  – Wer schreibt, benötigt Rechtschreibhilfen. Das ist trivial. Es gibt wohl kaum einen ernst zu nehmenden Erwachsenen, der von sich behauptet, dass er die deutsche Orthografie oder die Interpunktion sicher beherrscht. Da sich die Schriftsprache in einem fortlaufenden Veränderungsprozess befindet, nützt Ihnen Ihr Schülerduden aus der 9. Klasse wirklich nicht weiter. Auf die Rechtschreibkontrolle Ihres PCs können Sie sich bei Tippfehlern in den meisten Fällen verlassen. Für Sonderfälle ist sie nicht geeignet.

  Beispiel
  Die Rechtschreibkontrolle Ihrer Textverarbeitung akzeptiert sowohl die Schreibweise »Deutsches Schulwesen« als auch »deutsches Schulwesen« – aber nur eine der beiden ist richtig.

● **Texterstellung:** Wer eine Examensarbeit schreibt, braucht einen PC. Abschlussarbeiten werden heute ausnahmslos am Computer geschrieben, und die meisten Studierenden verfügen zumindest über ein stationäres Gerät. Prüfen Sie dennoch rechtzeitig, welche Benutzungsbedingungen für die Computerräume an Ihrer Hochschule bestehen, welche Öffnungszeiten (z.B. in den Abendstunden oder am Wochenende) die Computerräume haben, damit Sie bei technischen Problemen am heimischen PC nicht in Zeitnot geraten.

● **Peripheriegeräte:** Das Arbeiten am PC ist erst dann wirklich erfolgreich, wenn Sie auch Zugriff auf die nötigen Peripheriegeräte haben. Dazu gehört vor allem ein funktionierender Drucker.

  – Prüfen Sie vorab, wo Sie die Arbeit ausdrucken können (Freunde und Bekannte, Hochschulrechenzentrum, Copy-Shop), falls Ihr Drucker in der Schlussphase streikt. Legen Sie sich ruhig eine Druckerpatrone als Vorrat an. Irgendwann brauchen Sie sie sowieso.

–   Klären Sie ggf. mit den betreuenden Lehrenden, ob und in welchem Umfang grafische Darstellungen einbezogen werden sollen und ob Farbdarstellungen erforderlich sind. Hiervon hängt ab, auf welche weiteren Peripheriegeräte Sie Zugriff haben müssen. Wer an einer Schulbuchanalyse arbeitet, wird mit Sicherheit darauf angewiesen sein, Abbildungen einzubeziehen. Wenn es sich um Fibelvergleiche handelt, kommt man wahrscheinlich ohne Farbwiedergabe nicht aus.

–   Scanner und Drucker für Studierende finden Sie (sofern Sie nicht selbst darüber verfügen) in der Regel in Ihrem Hochschulrechenzentrum. Über einen Farbkopierer verfügt wahrscheinlich Ihre Bibliothek. Informieren Sie sich, ob und welche Zugangsbedingungen mit der Nutzung verknüpft sind.

Zeitmanagement

Das Zeitmanagement ist bei Examensarbeiten von entscheidender Bedeutung. Ob es sinnvoll ist, Zeitpläne zu entwickeln, die sich an den Ablaufdiagrammen betrieblicher Produktionsprozesse orientieren, erscheint mir zweifelhaft. Die Zeit, die Sie dafür benötigen, sollten Sie lieber in Ihre Arbeit investieren. Dennoch kommen Sie ohne Zeitplanung nicht aus. Sie wird sich einerseits auf die konkrete Einteilung des Arbeitstages, andererseits auf die Strukturierung der Arbeitsphasen beziehen.

Zeitliche Strukturen

●   **Tagesplanung:** Da Sie nicht den ganzen Tag ununterbrochen arbeiten können, ist es vernünftig, den Tag in bestimmte Arbeitszonen einzuteilen. Sorgen Sie für einen gleich bleibenden (berechenbaren) Tagesablauf. Achten Sie darauf, dass Ihnen täglich Kernzeiten zur Verfügung stehen, in denen Sie intensiv, konzentriert und ungestört arbeiten können, z.B. vormittags von 8.00 Uhr bis 11.00 Uhr und nachmittags von 15.00 bis 18.00 Uhr. Außerhalb der Kernzeiten liegen Zeitzonen für unterschiedliche Tätigkeiten (Mensa-, Bibliotheksbesuch, Einkaufen, Hausarbeit, Erholung). Machen Sie sich einen möglichst einfachen Zeitplan, dann wissen Sie bei einem Blick auf die Uhr immer, in welcher Zeitzone Sie sich gerade befinden (sollten). Der nachfolgende Plan sieht für normale Wochentage je drei »Schreibtischstunden« für den Vormittag und den Nachmittag vor. Bei einer Sechstagewoche erhalten Sie etwa 36 Stunden für die eigentliche Arbeit am Schreibtisch. Wenn Sie sonntags zusätzlich vier Stunden arbeiten, dann kommen Sie in etwa auf eine Vierzig-Stunden-Woche. Das sind Zeiten, die für viele Arbeitnehmer in der Wirtschaft auch anfallen. Der einzige Haken dabei ist, dass bei Ihnen auch am Wochenende gearbeitet wird. Dafür ist Ihre Arbeit aber auch weitgehend selbst bestimmt. Wenn Ihnen ein Zeitblock von drei Stunden zu lang ist, legen Sie nach anderthalb Stunden dreißig Minuten Pause ein und verlängern Sie den Zeitblock entsprechend um dreißig Minuten. Ob Sie für die Wochenendzeiten anders verteilen, hängt von Ihren Gewohnheiten und von Ihrem Zeitbudget ab.

Tabelle 1: Schematischer Tagesplan			
Zeiten	**Wochentags**	**Zeiten**	**Sonntags**
8.00–11.00 Uhr	Kernphase	9.00–11.00 Uhr	Kernphase
11.00–12.00 Uhr	Verfügung	11.00–12.00 Uhr	Verfügung
12.00–14.00 Uhr	Mittagspause	12.00–14.00 Uhr	Mittagspause
14.00–15.00 Uhr	Verfügung	14.00–15.00 Uhr	Verfügung
15.00–18.00 Uhr	Kernphase	15.00–17.00 Uhr	Kernphase
Ab 18.00 Uhr	Verfügung	Ab 17.00 Uhr	Verfügung

Wichtiger als ein ausgefeilter Zeitplan erscheint mir der Vorsatz, bestimmte Zeiten wirklich einzuhalten. Betrachten Sie Ihren Zeitplan als eine Selbstverpflichtung und gewöhnen Sie sich daran, zweimal täglich etwa drei Stunden an Ihrer Arbeit zu sitzen. Wichtig ist, dass Sie eine verlässliche Selbstdisziplin entwickeln: Wenn Sie sich vorgenommen haben, die Arbeit um 8.00 Uhr zu beginnen, dann setzen Sie sich zu dieser Zeit an Ihren Arbeitsplatz – und fangen Sie an! Vielleicht müssen Sie anfangs lernen, Ablenkungen auszuweichen. Besonders dann, wenn Ihnen eine dauernde Internetverbindung zur Verfügung steht – was in vielen Studentenwohnheimen der Fall ist –, ist die Versuchung groß, andere Aktivitäten einzuschieben. Dafür müssen Sie dann nicht einmal den Arbeitsplatz verlassen.

Arbeitsdisziplin

Beispiel

Sie loggen sich ein, um zu prüfen, ob ein bestimmtes Buch in der Landesbibliothek vorhanden ist. Nach dem Einloggen erhalten Sie ein akustisches Signal, dass E-Mails eingegangen sind. Daher öffnen Sie erst einmal Ihr E-Mail-Konto. Ihr bevorzugtes Internetportal hat Ihnen eine Mail geschickt, mit der Sie auf Sicherheitslücken im InternetExplorer hingewiesen werden. (Das ist eine Art »running gag«, auf den man sich verlassen kann.) Sie fangen an, den Anweisungen Schritt für Schritt zu folgen. Am Ende sind Sie froh, dass Ihre Arbeitsdatei noch funktioniert, und es fällt Ihnen ein, dass Sie eigentlich in der Landesbibliothek prüfen wollten, ob ...

Die Gefahr abzuschweifen und dabei vom »Hölzchen auf's Stöckchen« zu kommen, erhöht sich exponentiell, wenn Sie sich einloggen, um im Netz zu recherchieren. Das Ablenkungspotenzial ist faktisch unbegrenzt. Versuchen Sie daher, sich an vier einfache Regeln zu halten:

Grundregeln

- Lassen Sie das Netz nicht laufen, nur weil es nichts kostet.
- Bevor Sie eine Suchmaschine aufrufen, schreiben Sie sich auf, was Sie suchen wollen – und suchen Sie nur das!
- Machen Sie sich notfalls Notizen von Dingen, auf die Sie zwischenzeitlich im Netz aufmerksam geworden sind. Gehen Sie diesen Hinweisen außerhalb der Kernzeit (in den Verfügungszeiten) nach.
- Loggen Sie sich aus, wenn Ihre Frage geklärt ist.

Eine Einteilung der Tagesarbeitszeit und die strikte Einhaltung »geschützter Zonen« sind insbesondere dann erforderlich, wenn Sie neben der Abschlussarbeit weitere Verpflichtungen (Besuch von Lehrveranstaltungen, Betreuung und Versorgung eigener Kinder etc.) haben.

Planungsperspektive

In ähnlicher Weise sollten Sie auch einen einfachen Phasenplan für die Bearbeitungszeit insgesamt entwerfen. Wie viel Zeit Sie für die einzelnen Phasen (s. 3.2.2) einsetzen, hängt wesentlich von den allgemeinen Vorschriften Ihrer Prüfungsordnung ab. Wenn man sechs Monate Zeit zur Verfügung hat, gestaltet sich der Zeitplan anders, als wenn man drei Monate zur Verfügung hat. In jedem Fall sollten Sie acht bis zehn Tage für

die technischen Korrekturen (Fehler beseitigen, Literaturangaben und Verweise kontrollieren, Literaturverzeichnis erstellen, Bilder einfügen), für das Ausdrucken und Binden sowie als zeitlichen Puffer einplanen.

Grundsätzlich gilt: Je kürzer die offizielle Bearbeitungszeit ist, umso mehr müssen Sie versuchen, sinnvolle Vorarbeiten in die Zeit vor der offiziellen Themenzuweisung zu legen. Bedenken Sie, dass ein per Fernleihe bestelltes Buch leicht vier Wochen und mehr auf sich warten lassen kann, z.B. dann, wenn das Buch bei der abgebenden Bibliothek gerade frisch ausgeliehen wurde und nicht fristgerecht wieder abgegeben wird. Sollte es dort einige Vormerkungen vor Ihnen geben, kann leicht sehr viel mehr Zeit vergehen, bis Sie das Buch in den Händen haben.

3.2.2 Strukturierung und Arbeitsphasen

Im Allgemeinen lassen sich für die Erstellung von Abschlussarbeiten vier große Arbeitsphasen unterscheiden.

- **Orientierungsphase:** Hier geht es darum, Thema und Umfeld zu erkunden, die Quellenlage zu prüfen, Literatur zu bestellen, Literatur zu sichten, Literatur auf Relevanz zu überprüfen.
- **Strukturierungs- und Fundierungsphase:** Ziel ist es, die ausgewählte Literatur gezielt durchzuarbeiten, den Erkenntnisstand zu strukturieren, eine Grobgliederung zu erstellen, ein Arbeits-Literaturverzeichnis anzulegen, variable Inhaltselemente (z.B. Schülerbeobachtung, Schülerbefragung etc.) zu planen.
- **Erarbeitungsphase:** Im Zentrum steht die eigentliche Arbeit: Beobachtungs- oder Befragungsaktionen werden durchgeführt und ausgewertet, der Text wird verfasst, das Literaturverzeichnis vereinheitlicht, rechtliche Erklärungen beigefügt.
- **Korrekturphase:** In dieser Phase geht es zunächst um das Korrekturlesen, die Korrekturausführung, das Erstellen des Inhaltsverzeichnisses (nach der Korrektur), dann um den Ausdruck, das Kopieren und das Binden der Arbeit.

Arbeitsphasen

Orientierungsphase

Ihre Examensarbeit hat einen zeitlichen Rahmen, der durch die Prüfungsordnung festgelegt ist. In den meisten Fällen werden Sie aber Gelegenheit haben, vor der Erteilung des eigentlichen Themas eine thematische Erkundungs- und Orientierungsphase zu durchlaufen. Diese Phase dient dazu:

Themen-erkundung

- einen inhaltlichen Überblick über den Bereich herzustellen,
- die Zugänglichkeit der Quellen zu prüfen,
- die Quellen zu sichten,
- die Wichtigkeit einzelner Werke einzuschätzen,
- die Ausleihe, insbesondere die Fernleihen, zu organisieren.

Klären Sie zunächst, welche Quellen für Ihre Arbeit in Frage kommen. Die wichtigsten Quellen sind Monografien, Sammelbände und Zeitschriften. Möglicherweise werden Sie aber auch Videos, Schülerarbeiten etc. einbeziehen.

Immer dann, wenn Sie die Möglichkeit haben, der/dem betreuenden Lehrenden einen Arbeitsrahmen vorzuschlagen – und das sollte der Re-

Abb. 3:
Strategien der
Informationssuche

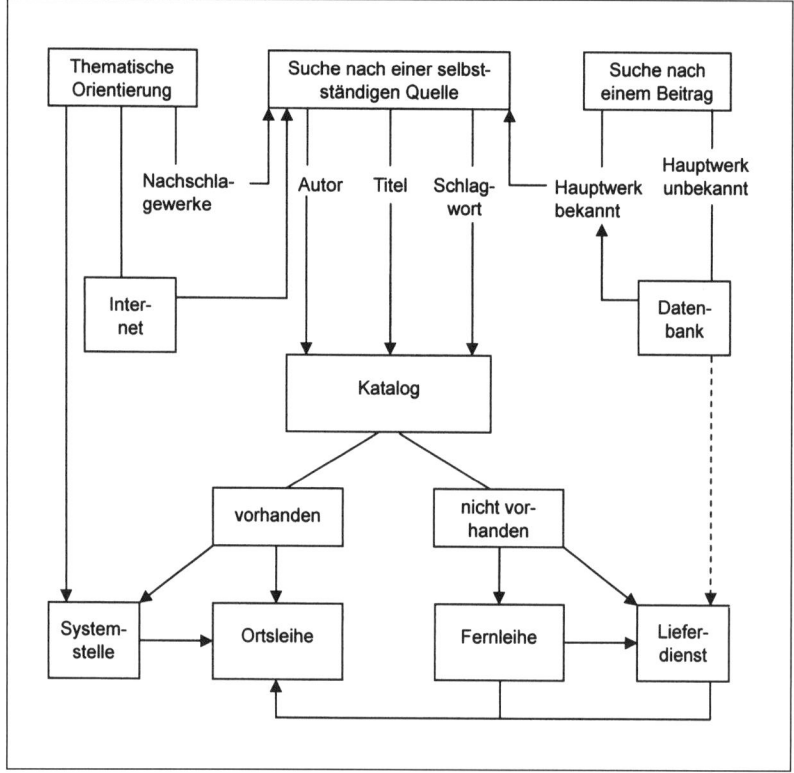

gelfall sein –, trifft Sie das Thema nicht »aus heiterem Himmel«. Aber auch, wenn das Thema wirklich »out of the blue« bei Ihnen eingeht und die notwendige Orientierung von Ihrer Bearbeitungszeit im engeren Sinne abgeht, ist sie unverzichtbar. Die Orientierungsphase müssen Sie zwingend bibliotheksnah organisieren. Die wichtigsten Hilfsmittel sind die Kataloge und der Bestand Ihrer Bibliothek. Die Suchmöglichkeiten des Internets und die Dokumentationen in Datenbanken sollten Sie allerdings unbedingt einbeziehen.

Auch wenn sich der Zugriff über die Katalogdatenbank Ihrer Bibliothek inzwischen über Tastatureingabe und Bildschirm vollzieht, verfügt die Bibliothek noch immer über unterschiedliche Kataloge, z.B. über den

**Bibliotheks-
kataloge**

- Alphabetischen Katalog (AK),
- Systematischen Katalog (SyK) oder
- einen Schlagwortkatalog (SWK),
- Zeitschriftenkatalog (ZsK).

Der elektronische Nachweis des Bestandes Ihrer Bibliothek erleichtert Ihnen den Zugriff auf die Literatur allerdings erheblich: Signatur, Standort und einen Hinweis, ob ein Band gegenwärtig ausgeliehen ist, erhalten

Sie meist unmittelbar am Bildschirm. Vormerkung oder Verlängerung bestimmter Titel sind in der Regel ebenfalls elektronisch zu erledigen. Darüber hinaus gibt es Verbundkataloge, die den Bestand einer ganzen Region dokumentieren. Wie man auf die entsprechenden Internetseiten gelangt, wissen Sie bestimmt, und mit den Feinheiten der Eingabe- und Bestellmasken haben Sie sich sicherlich vertraut gemacht. Falls das nicht der Fall ist und Sie bislang über »Versuch und Irrtum« nicht hinausgekommen sind, sollten Sie spätestens in der Orientierungsphase Ihre Scheu überwinden und sich professionell einweisen lassen: Die Online-Recherche ist unbestreitbar zu einem der mächtigsten Werkzeuge der Orientierungsphase geworden. Sie stellt eine entscheidende Hilfe dar.

Professionelle Anleitung

Daneben bleibt aber die Notwendigkeit, in der Bibliothek selbst zu recherchieren, uneingeschränkt bestehen. Auch hierfür müssen Sie Strategien entwickeln, denn die Zugriffsweisen unterscheiden sich. Sie hängen davon ab, ob Sie sich allgemein orientieren wollen oder ob Sie gezielt suchen. Sie fallen unterschiedlich aus, wenn Sie ein Buch oder einen Beitrag *in* einem Buch oder einer Zeitschrift suchen. Sie gestalten sich anders, wenn Ihnen Autor und Titel exakt bekannt sind oder wenn Sie nur unbestimmte Informationen haben (s. Abb. 3). In jedem Fall müssen Sie »bibliotheksnah« arbeiten, weil Sie ja nicht nur Titel recherchieren, sondern die Werke prüfen und auf Ihre Verwendbarkeit hin bewerten müssen. Spätestens hierbei wird deutlich, dass das Internet kein Ersatz für die Arbeit in einer wissenschaftlichen Bibliothek ist.

Schlüsselbegriffe und Schlagwörter

Sobald Sie das Arbeitsthema einigermaßen zuverlässig abschätzen können (in jedem Fall aber, sobald Ihnen die exakte Themenstellung bekannt ist), sollten Sie sich eine Liste mit Schlüsselbegriffen und Schlagwörtern anlegen. Nehmen Sie auch Autorennamen, Buchtitel, die Titel von Fachzeitschriften und Begriffe aus der aktuellen öffentlichen Diskussion (z.B. PISA-Schock) auf, wenn sich Bezüge zu Ihrem Thema ergeben. Diese Liste darf anfangs ruhig unsystematisch und unpräzise sein. Sie wird im Laufe der Zeit zunehmend genauer und treffender. So ausgerüstet, können Sie sich selbstständig auf die Suche begeben oder Umberto Ecos väterliche Weisheit beherzigen: »Wenn man seine Schüchternheit überwindet, dann kann oft der Bibliothekar zuverlässige Hinweise geben, die viel Zeit sparen.« ([10]2003, S. 78)

Im Gespräch mit der Fachinformation Ihrer Bibliothek erfahren Sie auch, wie die Fernleihe organisiert ist und wo man entsprechende Wertkupons kaufen kann. (Eigentlich sollten Sie das natürlich längst wissen, aber es ist bekanntlich nie zu spät, ein Apfelbäumchen zu pflanzen.)

Datenbanken Ferner können Sie abklären, welche Datenbanken Ihre Bibliothek im Hinblick auf Ihre Abschlussarbeit zur Verfügung stellen kann und in welcher Form Lieferdienste für Aufsatz- oder Buchkopien in Anspruch genommen werden können.

Erkundigen Sie sich auch nach einem Schlagwortregister und prüfen Sie, welche Begriffe daraus zu Ihrer Arbeit passen. Dies hilft Ihnen, den einschlägigen Bestand Ihrer Bibliothek zu finden und Internetsuchmaschinen gezielt einzusetzen (s.u.). Nutzen Sie alles, was Ihre Bibliothek zu bieten hat, und das ist – besonders in Bibliotheken mit Freihandaufstellung – wirklich eine Menge.

Nachschlagewerke

Falls das Thema Ihrer Arbeit für Sie doch etwas unerwartet kommt, neu ist oder wenig überschaubar erscheint, dann ist der Ausgang von »etablierten Wissensspeichern« unabdingbar. Sie rüsten sich auf diese Weise in jedem Fall für Gespräche mit den betreuenden Lehrenden. Aber auch wenn Sie inhaltlich mit der Thematik vertraut sind, sollten Sie sich unbedingt einige Überblicksartikel zu den Schlüsselbegriffen in den wichtigsten pädagogischen Lexika, Handbüchern oder Enzyklopädien ansehen. Vielleicht entdecken Sie historische Perspektiven oder andere Aspekte, die Ihnen bislang verborgen waren. Ansonsten finden Sie die beruhigende Gewissheit, dass Ihr Wissensstand über Ihr Abschlussthema wenigstens im Mainstream liegt.

Achten Sie in jedem Fall auf das Erscheinungsdatum des Werkes und stellen Sie in Rechnung, dass die fachliche Diskussion immer nur mit einer Verzögerung in Nachschlagewerke und Handbücher Eingang findet. Auch gute Lexika und Handbücher repräsentieren also nicht mehr **Grundwissen** als das klassische Grundwissen zum gesuchten Thema. Daher macht es in der Regel wenig Sinn, die im Artikel zitierten Werke nachzulesen. Diese Quellen stellten den Standard dar, als das Nachschlagewerk erschien. Vielleicht waren sie sogar damals schon nicht mehr ganz aktuell. Dagegen sollten Sie unbedingt prüfen, ob der Autor des Überblickartikels oder Handbuchbeitrages nicht noch mehr oder Neueres zu dem Thema geschrieben hat: Meist haben sich die Verfasser in ihrem Themenbereich besonders ausgewiesen.

Handapparate

In Bibliotheken gibt es üblicherweise Handapparate, die während des Semesters einen bestimmten Bücherbestand zum Thema einer Veranstaltung zur Verfügung stellen. Da die Themen für Examens- und Abschlussarbeiten oft eine gewisse Nähe zum Veranstaltungsrepertoire des Faches aufweisen, sollten Sie unbedingt prüfen, ob in Ihrer Bibliothek ein Handapparat vorhanden ist, der mit Ihrem Thema korrespondiert. Sollte das der Fall sein, dann ist es empfehlenswert, sich den Bücherbestand sehr genau anzusehen. Hier finden Sie fast immer die wichtigste Basisliteratur. Wahrscheinlich wird der Veranstalter, der den Handapparat eingerichtet hat, aber auch aktuelle Werke einbezogen haben, sodass Sie über diese Möglichkeit einen guten Einstieg in Ihr Thema finden können. Vermutlich liegt auch eine kopierbare Titelliste des Handapparats aus. Ansonsten sollten Sie bei der zuständigen Bibliothekskraft danach fragen.

Systemstellen

Wenn Ihre Bibliothek über eine Freihandaufstellung und über eine systematische Aufstellung verfügt, dann können Sie sich an den richtigen Systemstellen einen hervorragenden Überblick verschaffen.

Um die richtigen Systemstellen für Ihre Arbeit zu finden, können Sie von einzelnen Titeln, die Sie im Katalog, in einem Handapparat oder in einer Literaturempfehlung gefunden haben, ausgehen.

Beispiel

Sie haben in der Bibliothek ein Buch zur Leistungsbewertung im offenen Unterricht gefunden, das wichtige Hinweise zu Ihrem Thema enthält. Es hat die Signatur »BIS: pae 517 off CM 8383,2«. Wenn Sie den Standort dieses Titels aufsuchen, werden Sie weitere Titel zum offenen Unterricht finden. Wenn Sie nun die Augen schweifen lassen, dann entdecken Sie – hoffentlich zu Ihrer Freude – viele Bücher zum offenen Unterricht und zu weiteren Unterrichtsmethoden.

Signaturen

BIS: pae 517 off CM 8383,2

Diese Signatur bedeutet[3]: Das Buch gehört zum Bestand des Bibliotheks- und Informationssystems der Universität Oldenburg (»BIS«). Die Abkürzung »pae« bedeutet, dass es sich um ein Werk handelt, das dem Fachbuchbestand der Pädagogik zugeordnet ist. Systemstelle »pae 517« fasst Werke zusammen, die sich mit »einzelnen Methoden/Lehrstilen« beschäftigen. Da es sehr unterschiedliche Methoden

---

3 Universitätsbibliotheken haben aufgrund ihrer unterschiedlichen Bestände, ihrer unterschiedlichen Entstehungsgeschichte, ihrer Tradition und ihres Ausbaustandes unterschiedliche Systematiken. Daher gilt das Beispiel nur für die angegebene Bibliothek.

gibt, wurde der Hinweis »off« für »offenen Unterricht« beigefügt. Der Signaturteil »CM 8383« bezeichnet den Standort im Regal. Der Anhang »,2« sagt aus, dass es sich um ein Exemplar der zweiten Auflage dieses Werkes handelt. Vor allem bei Standardwerken müssen Sie davon ausgehen, dass das Werk mehrere Auflagen erfahren hat. Wenn Sie an der Systemstelle mehrere Bücher mit (nahezu) identischer Signatur finden, dann achten Sie darauf, dass Sie die neueste Auflage wählen.

 Bei der Sichtung des Buchbestandes an den verschiedenen Systemstellen können Sie entscheidende inhaltliche Hinweise für Ihr Arbeitsthema finden. Allerdings reicht es nicht aus, den Präsenzbestand zu prüfen.

- Erstens könnten wichtige Bücher in Ihrer Bibliothek nicht oder noch nicht vorhanden sein. (Der Bibliothekshaushalt ist begrenzt, Bestellung, Lieferung, Bearbeitung neuer Bücher sind zeitaufwändig.)
- Zweitens könnten sich einschlägige Bücher in Handapparaten oder an Sonderstandorten befinden.
- Drittens sind viele Titel mit Sicherheit deshalb nicht am Standort, weil sie ausgeliehen sind. Einzelne Werke sind vielleicht auch in Verlust geraten und stehen in Ihrer Bibliothek überhaupt nicht mehr zur Verfügung.

Neuerwerbungsliste/Neuerwerbungsregal

Neuerscheinungen Wenn Sie Hinweise auf ganz neue Bücher zu Ihrem Thema suchen, dann sollten Sie in Erfahrung bringen, ob Ihre Bibliothek eine nach Fächern sortierte Neuerwerbungsliste führt und wie diese zugänglich ist. Gibt es eine solche Liste, dann können Sie auf sehr einfache Weise den Zustrom von Büchern in den letzten Monaten verfolgen. Stellt Ihre Bibliothek Neuerwerbungen in einem Neuerwerbungsregal aus, dann können Sie einschlägige neue Titel nicht nur erfassen, sondern auch schon einmal anfassen, durchschauen – und ausleihen (oder sich für die Ausleihe vormerken lassen).

Schlagwörter

Universitätsbibliotheken besitzen oft unüberschaubar große Bestände. So verfügt die Bibliothek der Universität Göttingen nach eigener Auskunft über etwa 4,5 Millionen Bände. Davon befinden sich etwa 1,5 Millionen Bände in Freihandaufstellung. Es versteht sich von selbst, dass solche Bestandsmengen nur durch eine ausgefeilte Systematik erschlossen werden können. Hierfür werden jedem einzelnen Werk Systemstellen und Schlagwörter zugewiesen.

Es macht durchaus Sinn, in der Explorationsphase von einem einschlägigen Titel auszugehen und sich dann an der entsprechenden Systemstelle zu orientieren. Lohnender dürfte es aber sein, wenn Sie sich direkt an die Fachinformation Ihrer Bibliothek wenden und sich nach einem Schlagwortregister erkundigen. Das erleichtert den systematischen Zugriff, und Sie erhalten zugleich einen Überblick über relevante Aspekte eines Themas. Die Zuordnung von Schlagwörtern ist natürlich nicht beliebig. Sie erfolgt in allen wissenschaftlichen Bibliotheken nach einheitlichen Regeln. Ein bestimmtes Buch können Sie also (im Prinzip) in ganz unterschiedlichen Bibliotheken unter den gleichen Schlagwörtern finden. Die Systemstellen sind dagegen in den einzelnen Bibliotheken unterschiedlich – was sich unter anderem aus der Geschichte jeder einzelnen Bibliothek erklären lässt.

Systemstellen

Beispiel

Im Schlagwortregister[4] befinden sich beispielsweise folgende Einträge zum Thema »Grundschule« mit Hinweisen auf die entsprechenden Systemstellen, an denen Sie dann eine Sammlung von einschlägigen Werken erwarten können:

Grundschule	Grundschullehrer
Grundschule/Geschichte	Grundschullehrer/Ausbildung
Grundschule/Lehrplan	Grundschullehrer/Beruf
Grundschule/offener Unterricht	Grundschulpädagogik
Grundschule/Rahmenrichtlinien	Grundschulreform
Grundschule/Rechtschreibunterricht	Grundschulunterricht
Grundschüler	Grundschulunterricht/Didaktik
Grundschulkind	Grundschulunterricht/Lehrmittel
Grundschulkind/Familienerziehung	Grundschulunterricht/Lesen
Grundschulkind/Psychologie	Grundschulunterricht/Unterrichtslehre

Schon die Liste von Schlagwörtern zu einem bestimmten Bereich erweitert wahrscheinlich Ihre inhaltlichen Vorstellungen zum Thema. In Verbindung mit den entsprechenden Systemsignaturen – jeder der oben genannten Einträge ist mit einer oder mehreren Systemstellen ausgewiesen – stellt sie eine entscheidende Hilfe zur thematischen Erschließung dar.

---

4 Fachabteilung Pädagogik des Bibliotheks- und Informationssystems der Universität Oldenburg.

Schlagwörter

Wenn Sie per Computer im Katalog Ihrer Bibliothek recherchieren, dann können Sie die Schlüsselbegriffe Ihrer Arbeit in die Suchmaske eingeben. Die traditionelle Unterscheidung von Schlagwörtern und Stichwörtern[5] hat an Bedeutung verloren, da die bibliotheksinternen Suchmaschinen nach dem Prinzip der Volltextsuche arbeiten. Sie können also Autorennamen, Titelstichwörter oder systematische Schlagwörter in die Suchmaske eingeben. Speichern Sie die zielführenden Suchergebnisse. Durch die Titel, Signaturen und Schlagwörter dieser Werke werden Sie auf weitere Suchalternativen aufmerksam.

Literaturverzeichnisse

Wenn Sie einen ersten Eindruck gewonnen haben, welche Werke für Sie von Bedeutung sind, dann werden Sie über Fußnoten und Literaturverzeichnisse schnell auf weitere Titel stoßen, die Sie in Ihre orientierende Recherche einbeziehen können. Achten Sie auf Zitat- oder Verweishäufigkeit und auf die Aktualität beziehungsweise das Alter der Bücher, auf die verwiesen wird.

Zeitschriften

Sehen Sie sich in der Orientierungsphase auf alle Fälle auch die einschlägigen Zeitschriftenbände an. Wenn Sie die Inhaltsverzeichnisse der letzten Jahre durchsehen, werden Sie wichtige Eindrücke darüber gewinnen, welche »Gegenwartsbedeutung« Ihr Thema für das Fach hat und welche Aspekte und Perspektiven in den letzten Monaten oder Jahren diskutiert wurden. Den Bestand der wichtigsten Zeitschriften Ihres Faches haben Sie während des Studiums sicherlich schon kennen gelernt. Lassen Sie sich notfalls trotzdem noch einmal vom Bibliothekspersonal zeigen, wie Sie den gesamten Zeitschriftenbestand, den Ihre Bibliothek für Ihr Fach bereithält, auf den Bildschirm bekommen können.

Datenbanken

Abfragesyntax

Mit Sicherheit gibt es in Ihrer Bibliothek auch elektronische Datenbanken, in die Sie sich einweisen lassen sollten. Weil Datenbanken oft einer eigenen (und nicht immer intuitiv erfassbare) Abfragesyntax folgen und

---

5   Behalten Sie den Unterschied zwischen »Schlagwort« und »Stichwort« auch bei der elektronischen Suche im Hinterkopf: Schlagwörter fassen den Inhalt zusammen. Stichwörter sind Begriffe, die wörtlich dem Titel eines Werkes entnommen sind.

ggf. auch eine Zugangsberechtigung voraussetzen, brauchen Sie hier sehr wahrscheinlich Hilfe durch eine Mitarbeiterin/einen Mitarbeiter der Bibliothek. Da die Angebote in den einzelnen Bibliotheken unterschiedlich sind, hat die nachfolgende Liste nur Beispielcharakter.

Wichtige Datenbanken

- **ERIC – Educational Resources Information Center:** Diese Datenbank wird in den USA erstellt und enthält Literaturnachweise ab 1966 überwiegend aus amerikanischen Veröffentlichungen (Monographien, Zeitschriftenliteratur, Konferenzberichte, graue Literatur überwiegend aus Nordamerika).
- **FIS Bildung Literaturdatenbank:** Die Datenbank enthält Zeitschriftenaufsätze, Bücher, Beiträge aus Sammelwerken und »graue Materialien« zu beinahe allen pädagogischen Teilbereichen, z.B. empirische Bildungsforschung, Schulwesen Schulpädagogik, Medienpädagogik, Sonderpädagogik, Sozialpädagogik. Sie umfasst Beiträge von 1980 an.
- **Literaturdokumentation EG und Bildungswesen:** Die Datenbank dokumentiert Bücher, Buchauszüge, Zeitschriften, Hochschulschriften und »graue Literatur« zum Bildungswesen in der Europäischen Gemeinschaft (Bildungswesen, Bildungspolitik, Lehreraus- und -weiterbildung usw.). Der Dokumentationszeitraum bezieht sich im Wesentlichen auf die Zeit von 1988 an.
- **Software Dokumentations- und Informationssystem für die Schule – SODIS:** Gegenstand dieser Datenbank ergibt sich schlüssig aus ihrem Titel. Hier wird Unterrichtssoftware erfasst und bewertet. Für eine Reihe von Programmen liegen außerdem Erfahrungsberichte vor. Der Dokumentationszeitraum beginnt ebenfalls 1988.

Praxis
Ein Zugriff auf die Datenbanken ist auch über das Internet möglich. Dabei unterliegen Sie als nicht angemeldeter Nutzer zum Teil aber deutlichen Einschränkungen (z.B. werden nur ältere Titel angezeigt oder die Anzahl der Anzeigen ist begrenzt). Betrachten Sie diesen Einstieg also nur als »Schnupperangebot« und klären Sie mit Ihrer Bibliothek ab, wie Sie einen vollen Zugriff erlangen können:

http://www.eric.ed.gov/
http://www.dipf.de/datenbanken.htm
http://www.sodis.de/

Internet

Mit einiger Sicherheit haben Sie hinreichend Interneterfahrung. Neben Ihren privaten Zugriffsmöglichkeiten auf das Netz nutzen Sie wahrscheinlich einen Netzzugang in Ihrer Hochschule. In der Regel benötigen Sie dafür ein individuelles Login, mit dem Sie Zugang zum Rechnersystem Ihrer Hochschule erhalten. Über das Internet erreichen Sie

- die meisten Bibliotheken anderer Hochschulen[6],
- Verbundkataloge, in denen mehrere Bibliotheken ihren Bestand gemeinsam nachweisen,
- die Deutsche Nationalbibliographie,
- Suchmaschinen, die Sie – sofern Sie die Syntax beherrschen – in relativ kurzer Zeit mit weltweiter Auskunft versorgen.

Die Internetadressen von Hochschulen sind nach folgendem Muster aufgebaut: »www.hochschulart-ortsname.de«. Dabei gilt für Universitäten »uni«, für Fachhochschulen »fh«, für Verwaltungs- und Wirtschaftsakademien »vwa«, für Berufsakademien »ba«. Daraus ergibt sich, z.B.: http://www.uni-oldenburg.de oder http://www.vwa-stuttgart.de. In Sachen Literatur lohnt sich eine Recherche in Universitätsbibliotheken. Von der Homepage der Universität aus finden Sie sicherlich einen Weg in die entsprechende Uni-Bibliothek.

Praxis

	Besonders ergiebig sind Verbundkataloge. Sie weisen den Bestand
Verbund-	ganzer Regionen nach. Teilweise ermöglichen sie auch die direkte
kataloge	Fernleihe. Die Fernleihekupons, die Sie bei Ihrer Hochschulbibliothek kaufen können, enthalten eine Zugangsnummer und ein Passwort. Versuchen Sie es z.B. bei einer dieser Adressen:

http://www.gbv.de
http://www.hbz-nrw.de
http://www.hebis.de
http://www.ubka.uni-karlsruhe.de/kvk.html
http://dnb.ddb.de

Die Vorzüge der Internetrecherche liegen darin, dass Sie mit einer sehr hohen Suchgeschwindigkeit Zugriff auf den Bestand von vielen Bibliothekskatalogen erhalten und – falls der Titel in Ihrer Hochschulbibliothek nicht vorhanden ist – in vielen Fällen auch problemlos Bücher per Fernleihe bestellen können.

Darüber hinaus bietet das Internet den Zugang zu vielen offiziellen Dokumenten aus dem Bereich unterschiedlicher Behörden (Prüfungs-

---

6 Die Internetadressen von Universitäten sind nach folgendem Muster aufgebaut: http://www.uni-ortsname.de (Achten Sie bitte auf Umlaute: Für das »ö« in Göttingen müssen Sie »oe« eingeben).

ordnungen, Richtlinien, Gesetzestexte, Bevölkerungsstatistiken usw.). Von vielen Ministerien wird Informationsmaterial zu Themen, die auch für Ihre Arbeit relevant sein können, als PDF-Dateien zum Download angeboten. Dabei handelt es sich oft um wichtige, aber über Bibliotheken teilweise schwer zugängliche Veröffentlichungen der »grauen Literatur«.

Da Bibliotheksdatenbanken immer nur den Bestand dokumentieren und es sein kann, dass neue Bücher noch nicht angeschafft oder noch nicht eingearbeitet sind, müssen Sie mit einem gewissen zeitlichen Verzug rechnen. Sehr hilfreich ist es daher, über Internet einzusehen, welche Bücher zum Thema derzeit über den Buchhandel geliefert werden können.

Praxis
Wahrscheinlich kennen Sie einige Versandbuchhandlungen im Internet. Nutzen Sie diese auch zur Recherche. Falls Sie Angaben über ein älteres Buch suchen, dann können Sie den Titel vielleicht in einem Antiquariat finden. Hierfür können Sie z.B. das »Zentrale Verzeichnis Antiquarischer Bücher (ZVAB)« aufrufen:

   http://www.buchhandel.de
   http://www.libri.de
   http://www.buchkatalog.de
   http://www.buecher.de
   http://www.zvab.com

Abschließend noch ein Wort zu dem, was Ihnen unter dem Schlagwort »Internet« als Erstes eingefallen sein dürfte: zu den Suchmaschinen. Sicherlich können Sie im Internet viele nützliche Hinweise für Ihr Thema finden. Um an diese heranzukommen, benutzen Sie – wahrscheinlich mehrmals am Tag – eine oder mehrere Suchmaschinen. Betrachten Sie die Ergebnisse jedoch mit der nötigen Vorsicht. Prüfen Sie folgende Fragen: **Suchmaschinen**

- Wissen Sie, wer die Autorin/der Autor des Beitrags ist? **Kernfragen**
- Ist diese Person fachlich ausgewiesen?
- Ist die URL fachlich zuzuordnen, z.B. Seite einer Uni, eines Fachportals, einer Behörde etc.?
- Ist erkennbar, wie aktuell oder wie alt der Beitrag ist?

Betrachten Sie das Internet als einen großen »gelben Sack«, in dem sich Nützliches und Recycelbares, aber auch viel Müll befindet. Wenn Sie das Suchergebnis verbessern wollen, sollten Sie die Grundregeln beachten.

Praxis

Für die Suchmaschine Google bzw. Scholar Google (und viele andere auch) gelten folgende Syntaxregeln:

Tabelle 2: Eingaberegeln für Suchmaschinen	
Eingabe	**Ausgabe**
Offener Unterricht	Seiten, die das Wort »offener« und das Wort »Unterricht« enthalten.
»Der offene Unterricht in der Grundschule«	Seiten, die den gesamten in Redezeichen stehenden Text (in dieser Reihenfolge) enthalten.
»offener Unterricht« -Freiarbeit	Seiten, die den Text »offener Unterricht«, aber nicht das Wort »Freiarbeit« enthalten.
pisa site:www.grundschulverband.de	Seiten der genannten URL, die das Wort »PISA« enthalten.

Beachten Sie die Abfragesyntax:
- Das Leerzeichen zwischen zwei Begriffen steht für »und«.
- Groß- und Kleinschreibung werden nicht unterschieden.
- *Vor* dem Minuszeichen steht ein Leerzeichen. Die weiteren Angaben schließen sich ohne Leerzeichen direkt an das Minuszeichen an.
- *Vor* »site« steht ein Leerzeichen. Der Doppelpunkt und die weiteren Angaben schließen sich ohne Leerzeichen an.

Wenn Sie identische Suchbegriffe in unterschiedliche Suchmaschinen eingeben, erhalten Sie zwar im Großen und Ganzen, aber nicht im Detail die gleichen Ergebnisse, weil die Suchmaschinen mit unterschiedlichen Verfahren auf das Internet zugreifen. Daher lohnt es sich, wichtige **Metasuch-** Schlagwörter auch mit einer Metasuchmaschine zu überprüfen. Der Vor-**maschinen** teil von Metasuchmaschinen liegt darin, dass in sehr kurzer Zeit eine ganze Reihe namhafter Suchmaschinen abgefragt und ein gemeinsames Ergebnis ausgegeben wird. Ihr Nachteil liegt darin, dass syntaktisch gestaltete Anfragen (s. Tabelle 2) nicht immer möglich sind.

Praxis

Wenn Sie mit Metasuchmaschinen arbeiten wollen, versuchen Sie folgende Adressen:

    http://meta.rrzn.uni-hannover.de
    http://www.abacho.de
    http://www.alltheweb.com
    http://www.ask.com

»Meta Ger« des Rechenzentrums Hannover und »Abacho (Meta)« sind national orientiert, die beiden anderen Metasuchmaschinen international. Allgemeine Informationen über Suchmaschinen und weitere Links zu Bibliotheken finden Sie unter folgenden Adressen:

http://www.ubka.uni-karlsruhe.de/suchmaschinen/index.html
http://www.wissenschaftliche-suchmaschinen.de/

Prüfung der Ergebnisse

Die Orientierungsphase dient der Abgrenzung eines Arbeitsbereiches und der Formulierung eines Arbeitstitels. Ziel der Orientierungsphase ist es herauszufinden,

- in welche Schwerpunkte sich Ihr Arbeitsfeld aufgliedert,
- wie sich die allgemeine Quellenlage darstellt,
- mit welchen Titeln Sie bevorzugt arbeiten wollen.

Mit anderen Worten: Die Orientierungsphase erleichtert die Vorentscheidung darüber, welche Aspekte im Rahmen der vorgegebenen Zeit bewältigbar sind und welche (in Absprache mit der/dem betreuenden Lehrenden) ausgeklammert oder nur kurz gefasst werden sollen. Zugleich finden während dieser Exploration die Literatursichtung und Literaturbeschaffung statt. Informieren Sie sich zunächst über die Titel, die in Ihrer Bibliothek vorhanden sind. Ermitteln Sie, welche notwendige Literatur nicht vorhanden oder ausgeliehen ist, und lassen Sie sich für diese Titel unverzüglich vormerken oder leiten Sie eine Bestellung per Fernleihe ein.

Sie werden in der Orientierungsphase beginnen, Bücher, die für Ihre Arbeit relevant sind, bibliografisch zu erfassen. Die zentrale Frage in diesem Zusammenhang lautet: Was ist für die Arbeit von Bedeutung? Es macht absolut keinen Sinn, alles auszuleihen oder alles zu kopieren. **Relevanzprüfung** Wenn Sie in einer Freihandbibliothek arbeiten, dann müssen Sie die Bücher in die Hand nehmen und Titel für Titel entscheiden,

- ob Sie das Buch oder bestimmte Passagen verwenden können,
- ob Sie das Buch ausleihen oder in Teilen kopieren wollen.

Auch wenn der Auswahlprozess in der Realität wohl kaum so verlaufen wird, wie er hier dargestellt wird, kann ein Strukturschema den idealtypischen Verlauf der Entscheidungsschritte verdeutlichen (s. Abb. 4).

Die Art, wie Sie die Literatur erfassen, bleibt Ihnen überlassen. Ob Sie die ausgewählten Titel auf Karteikarten, in einer Datenbank oder in

Abb. 4:
Relevanzprüfung
für die Literatur

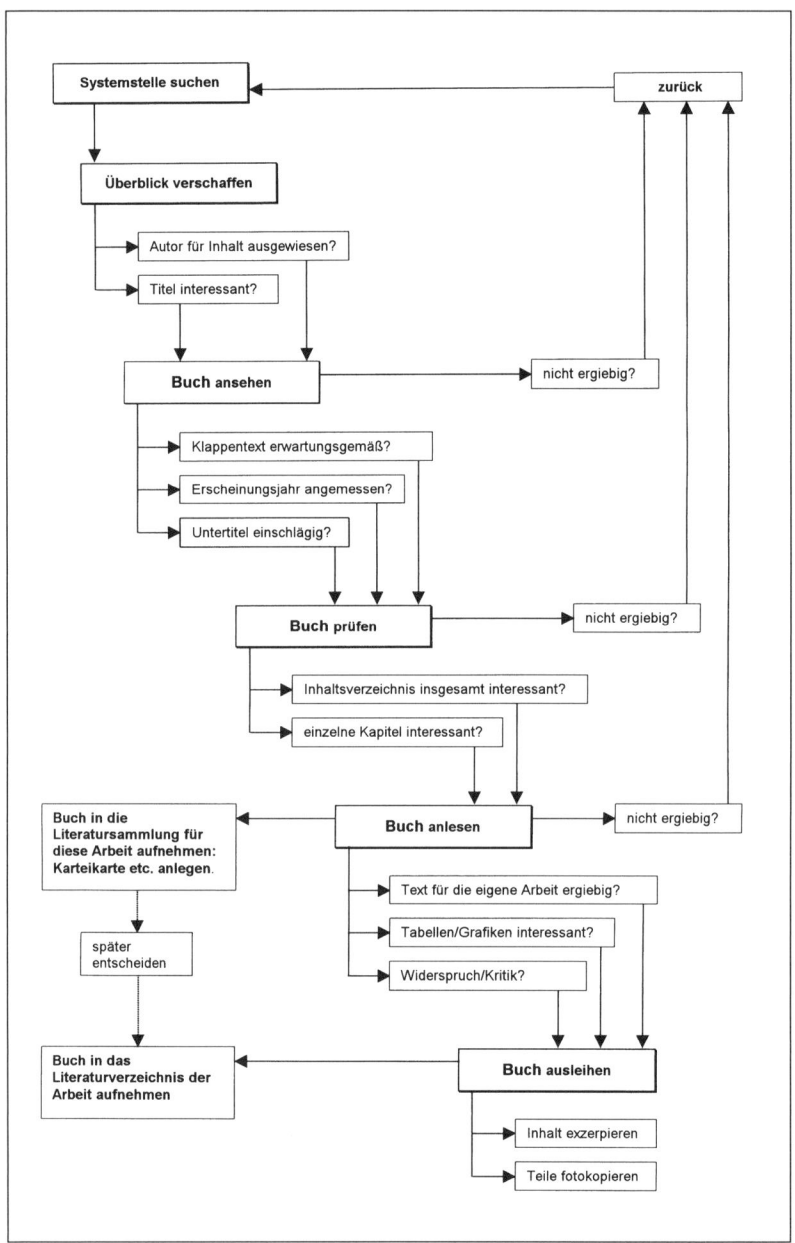

einem Textverarbeitungsprogramm erfassen, hängt von Ihrem Arbeitsstil, Ihren Vorkenntnissen und Ihren technischen Möglichkeiten ab. Wichtig ist, dass Sie sich von vornherein angewöhnen,

- die Titel komplett aufzunehmen,
- die Titelaufnahme so zu gestalten, dass Sie später in der Lage sind, Angaben zu den einzelnen Titeln zu ergänzen,

- Ihre Daten so zu organisieren, dass Sie den Überblick behalten und problemlos weitere Titel einfügen können.

Früher war die Arbeit mit Karteikarten die beste Möglichkeit, diesen Anforderungen gerecht zu werden. Weil Sie die eigentliche Arbeit aber mit nachgerade hundertprozentiger Wahrscheinlichkeit mit einem Textverarbeitungsprogramm auf dem Computer schreiben werden, erscheint es sinnvoll, die Literatur sukzessive bereits vor dem eigentlichen Abfassen der Examensarbeit mit dem PC zu erfassen (s. 8.3.1).

Fundierungs- und Strukturierungsphase

Ziel dieser Phase ist es, eine erste, grobe Struktur für Ihre Arbeit zu entwickeln und das inhaltliche Fundament für Ihre Arbeit zu gewinnen. Dafür müssen Sie die gesammelten Materialien durcharbeiten. Vergegenwärtigen Sie sich, dass es unterschiedliche Arten des Lesens gibt. Es ist nicht zu erwarten, dass Sie alle Bücher, die Sie für Ihre Arbeit ausgewählt haben, von vorn bis hinten durcharbeiten. Das ist natürlich für einige Grundsatzwerke unerlässlich. Häufig werden Sie aber größere Teile eines Werkes überfliegen, während Sie andere sehr genau und ggf. auch sehr kritisch durcharbeiten müssen.

    Im Zusammenhang mit wissenschaftlichen Arbeiten können mehrere Arten des Lesens unterschieden werden – und es ist gut, wenn Sie sich vorher darüber klar werden, was im konkreten Fall Ihre Absicht ist:

Grobstruktur

- **Einen Text überfliegend und orientierend zu lesen:** Ziel dieses Zugriffs ist es, einen Gesamteindruck über den Schwerpunkt des Werkes, die Fragestellung, die Vorgehensweise und die Ergebnisse – vielleicht auch über den Stil und die Vertrauenswürdigkeit des Autors – zu gewinnen.
- **Einen Text nach einem bestimmten Inhalt zu durchsuchen:** Hier liegt das Ziel darin, bestimmte Fakten oder spezielle Informationen zu sammeln oder wieder zu finden, Erinnerungen zu überprüfen, verwertbare Zitate zu finden etc.
- **Einen Text kritisch zu lesen:** Ziel ist es hier, die wesentlichen Fakten, Meinungen oder Ergebnisse eines Textes herauszuarbeiten, Übereinstimmungen und Unterschiede zu anderen Werken festzustellen, Aussagelogik kritisch zu überprüfen, Widersprüche aufzuweisen etc.

Unterschiedliche Lesehaltungen

Im Übrigen wird jegliches Lesen effektiver, wenn Sie sich den Zweck und die spezielle Fragestellung, derentwegen Sie ein bestimmtes Buch in die

Fragestellung

Hand genommen haben, vor Augen halten. Springen Sie nicht von einem Gedanken zum anderen. Sie kennen das vom Surfen im Internet: Wenn man jedem interessanten Link folgt, dann weiß man am Ende nicht mehr, was man eigentlich suchen wollte. Formulieren Sie also für sich selbst eine Fragestellung, unter der Sie den Text betrachten wollen – und »bleiben Sie am Ball«. Im Grunde durchlaufen Sie bei der Textarbeit immer sechs Schritte. Die Intensität der einzelnen Schritte hängt natürlich von der Art des Lesens ab. Sie fällt anders aus, wenn Sie einen Text kritisch lesen oder wenn Sie ihn nur orientierend überfliegen. Aber auch beim orientierenden Lesen werden Sie sich letztlich fragen müssen, ob und wie Sie den Text verwenden wollen.

Tabelle 3: Schrittfolge bei der Textarbeit	
Zielfrage	**Ergebnis**
Was ist das für ein Text?	Handbuch, Standardwerk, Internettext, Praxisliteratur, Ratgeber? Wer ist der Autor des Textes? Wie steht es um die Aktualität des Textes?
Was suche ich in diesem Text?	Theoriewissen? Treffende Belege/Zitate? Ideen? Argumente – Gegenargumente?
Wie gehe ich vor?	Orientierendes Lesen? Suchendes Lesen? Kritisch-erarbeitendes Lesen?
Wie halte ich meine Denkvorgänge fest?	Interne Notizen: Unterstreichung, Markierung, Randbemerkungen? Externe Notizen: Mindmap, Strukturskizze, freie Notizen und Anmerkungen?
Wie bewerte ich den Inhalt?	Zustimmung? Kritik am methodischen Vorgehen oder an der Beweisführung? Widersprüche im Text? Mangelnde innere Logik? Bestätigung durch andere Texte? Widersprüche zu anderen Texten?
Wie kann ich den Text verwenden?	Übernahme der Argumentation? Zitate, Verweise? Unterstützung der eigenen Argumentation? Entfalten eines Widerspruches? Nachweise von Fehlern?

Die mit der Textarbeit verbundenen Tätigkeiten wie Lesen, Markieren, Randnotizen schreiben, wichtige Zitate kennzeichnen oder festhalten sollten Ihnen aus Schule und Studium geläufig sein, sodass hier keine Wiederholung nötig ist. Dennoch macht es Sinn, einige Grundregeln festzuhalten:

- Machen Sie es sich zur Regel, einen Text zuerst genau zu bibliografieren, ehe Sie damit beginnen, ihn durchzuarbeiten. Es nützt Ihnen später nichts, wenn Sie sich zu einer Notiz als Quelle »grünes Buch/Meyer« notiert haben: Erstens gibt es viele grüne Bücher, zweitens gibt es mehrere Autoren mit dem Namen »Meyer«, und drittens könnte auch ein bestimmter Herr »Meyer« mehr grüne Bücher geschrieben haben, als Ihnen lieb ist.

- Machen Sie sich exzerpierende und paraphrasierende Notizen.[7] Sie werden diese bei der Erarbeitung Ihres Textes benötigen. Wichtig ist, dass Sie wörtliche Textübernahmen, sinngemäße Formulierungen und eigene Anmerkungen eindeutig kennzeichnen, damit Sie später nicht den Überblick verlieren. Stellen Sie also unbedingt sicher, dass Sie später klar zwischen der Autorenmeinung und eigener Meinung unterscheiden können.

  Grundregeln

- Erfassen Sie Zitate erstens »pingelig« und zweitens »weiträumig« (im Satz- oder Absatzzusammenhang: Notfalls die ganze Seite kopieren!). Das erleichtert es Ihnen später, die Zitate in Ihren Text einzubauen. Wenn sich ein Zitat in der Quelle über zwei Seiten erstreckt, dann schreiben Sie sich in eckigen Klammern die Seitenzahl hinter das letzte Wort der ersten Seite. Falls Sie später nur einen Teil zitieren, müssen Sie angeben können, ob er von der ersten Seite oder von der zweiten Seite kommt.

- Wenn Sie auf Fachausdrücke, Fremdwörter etc. stoßen, die Sie nicht oder nicht voll verstehen, dann schlagen Sie sofort nach und notieren Sie sich die Erläuterungen. Anderenfalls besteht die Gefahr, dass Sie einen Satz falsch verstehen oder dass Sie im Laufe der Zeit Ihre »Hilfsübersetzung« für die richtige halten.

Praxis

Häufig werden Sie beim Lesen eines Buches an bestimmten Stellen Haftzettel einlegen, um die Stelle später schnell wieder finden zu können. Es macht wirklich nicht mehr Arbeit, aber es schafft schneller Ordnung, wenn Sie unterschiedliche Farben benutzen, z.B.

- grün, wenn sich auf der Seite eine Formulierung findet, die Sie als wörtliches Zitat übernehmen möchten,
- gelb, um auf wichtige Argumente hinzuweisen,
- rot, um Ihren Widerspruch zu markieren.

So sehen Sie dem Buch künftig bereits an den Zettelfarben von außen an, wie Sie einzelne Seiten verwenden wollen.

---

7 Das Duden Fremdwörterbuch erläutert:
Exzerpt: schriftlicher Auszug aus einem Werk
Paraphrase: Umschreibung mit anderen Worten

Interne Notizen Auch wenn Sie bevorzugt mit dem Notebook arbeiten: Ohne Handnotizen geht es nicht. Dabei sind interne und externe Notizen getrennt zu betrachten. Als interne Notizen bezeichne ich die Randnotizen, die Sie unmittelbar in das (eigene) Buch oder in die kopierten Seiten einarbeiten. Diese Anmerkungen sind wichtig, weil Sie damit Ihre Verstehensschritte dokumentieren. Interne Notizen sind z.B.:

- Strukturierungen, z.B. eine Nummerierung von Argumenten und Gegenargumenten, von wichtigen Belegen, Einfügen von Beziehungspfeilen zwischen Absätzen oder Argumenten etc.
- Randkommentierungen durch Ordnungsbegriffe oder Symbole, um Beschreibungen, Festlegungen, Folgerungen des Autors zu kennzeichnen oder eigene Problematisierungen vorzunehmen. Schreiben Sie z.B. Wörter wie »Beleg«, »Ergebnis«, »Widerspruch« etc. (s. Tabelle 4) oder entsprechende Symbole an den Rand.
- Marginalien, z.B. inhaltliche Leitbegriffe des Textes, die die zentrale Aussage eines Absatzes ausdrücken.

Beispiel

Mit den nachfolgenden Begriffen können Sie am Seitenrand kommentieren, ob der Autor einen Sachverhalt beschreibt, eine Festlegung trifft, Folgerungen zieht und ob er (oder Sie selbst) etwas kritisieren oder problematisieren wollen:

Tabelle 4: Hilfs- und Ordnungsbegriffe für Randkommentierungen			
Beschreibung	**Festlegung**	**Folgerung**	**Kritik**
Aussage, Bedingung, Beispiel, Fakt, Grundlage	Begriff, Behauptung, Definition, Hypothese, Ziel	Beweis, Ergebnis, Folgerung, Lösung, These	Einwand, Kritik, Problem, Quelle korrekt?, Widerspruch

Externe Notizen Nicht alles, was Sie festhalten wollen, können Sie als interne Notizen an den Buchrand schreiben. Legen Sie daher auch externe Handnotizen an. Handnotizen ermöglichen es ohne großen Aufwand, Strukturskizzen zu entwickeln, Beziehungspfeile einzufügen usw. Beginnen Sie Notizen zu einem neuen Werk prinzipiell mit einer verlässlichen Bibliografie des Werkes: Jetzt haben Sie es ja gerade vor sich, also schreiben Sie alles auf, was Sie später für Zitate, Verweise oder Literaturnachweise benötigen. Zusätzlich sollten Sie die **ISBN**[8] notieren, das ermöglicht Ihnen später eine relativ einfache Kontrolle in einer bibliografischen Datenbank.

---

8 Diese Abkürzung steht für International Standard Book Number (seit 1973).

Praxis

Da sich die Kapitel Ihrer Arbeit, wahrscheinlich schon nach der Durchsicht von Handapparaten, Schlagwörtern und Systemstellen in groben Umrissen (noch nicht in der endgültigen Formulierung und noch nicht in der endgültigen Reihenfolge) abzeichnen, ist es sinnvoll, sich für jedes vorläufige Kapitel ein Schulheft (z.B. DIN A5, unliniert) anzuschaffen. Ordnen Sie Ihre externen Notizen von vornherein den entsprechenden Kapiteln zu – indem Sie sie in das entsprechende Heft schreiben. Dieses Reglement ist zwar etwas aufwändiger als fortlaufende Notizen, aber es hilft Ihnen, die gesamte Lektüre unter die Grobstruktur Ihrer Arbeit zu stellen und die Texte zielorientierter zu lesen. Externe Notizen in »Kapitelheften« (möglichst in unterschiedlichen Farben oder mit farbigen Hefthüllen) sind auf die Dauer besser zu verwalten als Notizen auf Karteikarten. Einschlägige Notizen aus Veranstaltungen oder früher bearbeiteten Büchern können Sie kopieren und in das jeweilige Kapitelheft einarbeiten. Wenn Sie die Blätter der Kapitelhefte einseitig beschreiben, lassen sich Zuordnungen durch Ausschneiden und Einkleben auch ändern. Dabei werden Sie bemerken, dass manuelle Tätigkeiten die geistige Verarbeitung nicht behindern, sondern fördern.

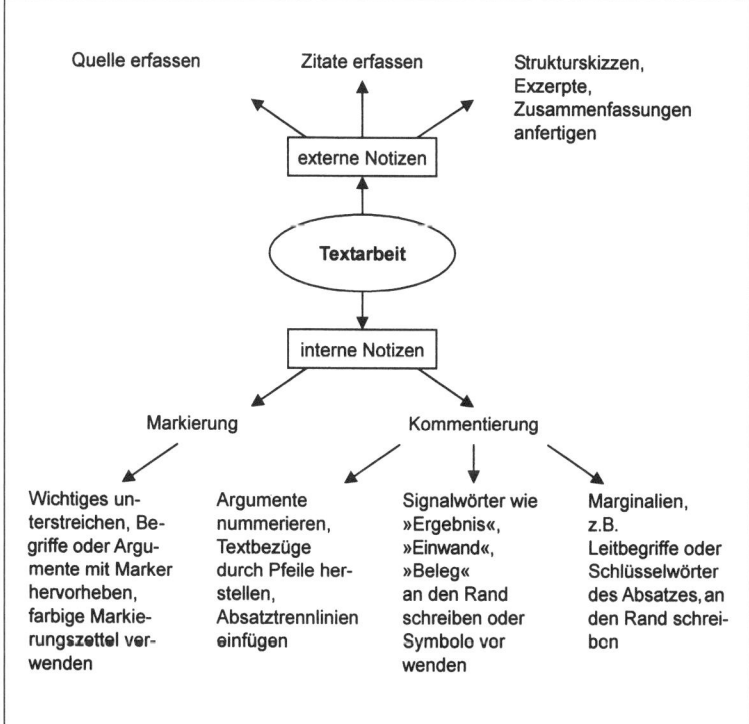

Abb. 5:
Textarbeit in eigenen Büchern oder kopierten Texten

Neben der inhaltlichen Textarbeit sollten Sie nicht aus den Augen verlieren, dass Sie in dieser Arbeitsphase eine möglichst prägnante und verlässliche Grobstrukturierung für Ihre Examensarbeit gewinnen müssen, auf deren Grundlage Sie in der nächsten Phase den Text Ihrer Examensarbeit entwickeln können. Beim Lesen und Exzerpieren werden sich bestimmte Hauptgedanken zu vorläufigen Sinnzusammenhängen verdichten, die aber noch keine feste Struktur bilden. Ihre Stellung und Gewichtung können sich ändern, wenn neue Gedanken aus weiteren Quellen hinzutreten. Im Kern kann man zwei Techniken einsetzen:

- nichtlineare Strukturierungshilfen,
- lineare Strukturierungshilfen.

Ganz gleich, welchen Ansatz Sie benutzen, letztlich geht es darum,

- die Hauptgedanken herauszuarbeiten,
- miteinander zu verknüpfen,
- in Teilaspekte zu untergliedern und
- in eine nachvollziehbare, logisch widerspruchsfreie Struktur zu bringen.

Nichtlineare Strukturen

Am Anfang der Strukturierung, wenn noch alles im Fluss ist, erscheint es sinnvoll, mit der »Mindmap-Technik« zu arbeiten. Mindmaps sind nicht linear aufgebaut. Sie visualisieren Zusammenhänge und sind gut geeignet, die Hauptaspekte Ihrer Arbeit in immer kleinere und daher weniger angstbesetzte Einheiten aufzulösen. Dabei soll Ihre Mindmap ruhig Aspekte aufnehmen und festhalten, von denen Sie derzeit noch nicht sagen können, ob sie bei der eigentlichen Ausarbeitung berücksichtigt werden. Die Mindmap stellt keine Gliederung dar, sondern steckt das Terrain ab. Sie ist eine Art geistiger Landkarte, in deren Rahmen Sie später einen geistigen Wanderweg festlegen, der Sie an allen Sehenswürdigkeiten vorbeiführt und dabei gleichzeitig Umwege vermeiden soll.

Obwohl in der klassischen »Mindmap-Technik« häufig Farben verwendet werden, erscheint das für die ersten Strukturierungsversuche wenig sinnvoll. Arbeiten Sie stattdessen mit einem weichen Bleistift. Der Grund ist einfach: Sollte sich »the Mind« ändern, z.B. weil Sie eine neue Idee gewonnen haben, dann müssen Sie »the Map« problemlos anpassen können. Zwar lässt sich vieles additiv hinzufügen, aber gelegentlich werden Sie auch Strukturen radikal korrigieren müssen. Wählen Sie einen möglichst großen Bogen (z.B. DIN A3), setzen Sie Ihr Thema in die Mitte und arbeiten, von einigen Hauptästen ausgehend, Ihre Ideen in immer kleinere Verzweigungen aus.

Praxis

Wie Sie sicherlich wissen, gibt es auch Mindmap-Programme für den PC. Obwohl diese Programme Erstaunliches leisten, sind sie eher für Powerpoint-Folien oder für andere Formen der Präsentation geeignet als für die Strukturierungsphase einer Examensarbeit. Hierbei kommt es nicht auf die äußere Sauberkeit, sondern auf Flexibilität an – da sind Sie mit Papier, Bleistift und Radiergummi wirklich besser beraten. Das schließt den späteren Einsatz von Mindmap-Bildern als Darstellungsmittel innerhalb der Arbeit nicht aus. Klären Sie aber rechtzeitig, ob sich die schicken Bildschirm-Mindmaps problemlos in Ihr Textverarbeitungsprogramm exportieren lassen.

Abb. 6:
Mindmap

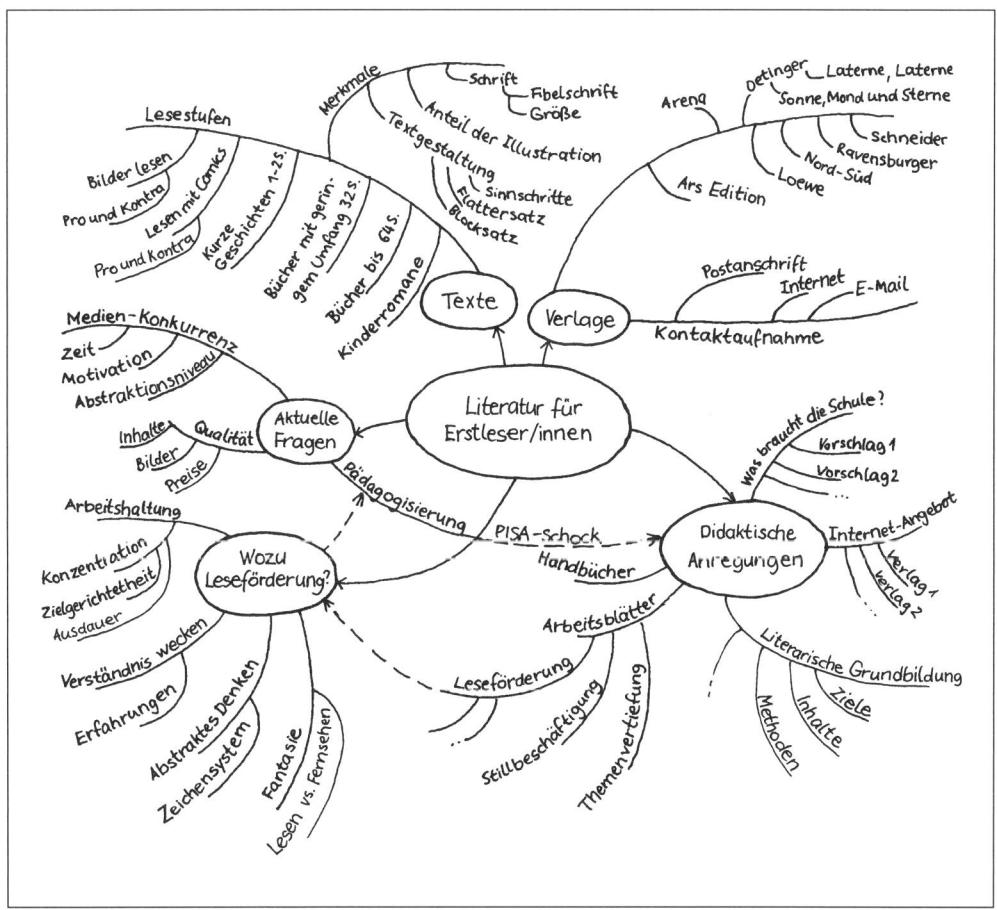

Das »Mindmapping« ist kein Selbstzweck, sondern eine Hilfstechnik für den Übergang zwischen der strukturell offenen und einer hierarchischen Gliederung. Die nichtlineare Strukturierung soll Ihnen helfen, Ideen fest-

Lineare Strukturen

zuhalten und zu sortieren. Wenn es aber darauf ankommt, einen rationalen Aufbau für Ihre Examensarbeit zu entwickeln, dann müssen Sie zur linearen Strukturierung übergehen. Eine hierarchisch organisierte Grobgliederung schließt die Strukturierungsphase ab und leitet zur eigentlichen Erarbeitung über.

Erarbeitungsphase

Ihre Grobgliederung ist ein Gerüst, das einerseits einen Rahmen bildet, der noch verändert werden kann, andererseits aber auch schon für den nötigen Halt sorgt. Mit der Grobgliederung haben Sie eine Struktur gefunden, die sich durch Unterpunkte weiter aufgliedern lässt. Beginnen Sie nun, Ihre Gliederung wie einen Aufgabenstapel Schritt für Schritt abzuschichten. Halten Sie dabei immer Ihre Mindmap im Auge. Sie zeigt die geistige Landschaft, in der Sie sich bewegen, hält Anregungen offen und verdeutlicht, welche Unterpunkte zusammengehören. Was davon für die Entfaltung der Hauptgedanken verzichtbar ist, was als Beiwerk zur Ausschmückung dient und was schließlich weggelassen werden kann (oder muss), entscheiden Sie ebenso Schritt für Schritt beim Schreiben.

Text erstellen

Sie stehen jetzt vor Anforderungen, die man zusammenfassend als wissenschaftliches Schreiben bezeichnet. Vielleicht haben Sie im Studium gelernt, dass sich der Begriff Wissenschaft immer mit einem Objektbereich, mit Methode und mit Ordnung oder Systematik verbindet. Versuchen Sie dies auf Ihre Arbeit zu projizieren.

Wissenschaftliche Texte

- **Systematische Darstellung:** Ihre Arbeit hat einen umrissenen Gegenstandsbereich, den Sie sachlich und faktenbezogen erarbeiten. Das bedeutet im Kontext Ihrer Examensarbeit, dass Sie Ihr Thema systematisch, widerspruchsfrei und in einer plausiblen Ordnung entfalten müssen. Ausdruck dieser systematischen Herangehensweise ist Ihre Gliederung. Sie hilft Ihnen, die Inhalte sachlogisch strukturiert und nachvollziehbar darzustellen.
- **Eindeutige Begriffe:** Wissenschaftliche Texte unterscheiden sich von Alltagstexten unter anderem dadurch, dass sie sich um die Klärung der verwendeten Begriffe bemühen. Für das Alltagsverständnis spielt es vielleicht keine Rolle, ob man von »Disziplinschwierigkeiten«, »abweichendem Verhalten« oder »Unterrichtsstörungen« spricht. Im

Rahmen einer wissenschaftlichen Auseinandersetzung verbinden sich mit diesen beispielhaft genannten Begriffen aber sehr unterschiedliche Konzepte. Prüfen Sie die Begriffe, mit denen in Ihrem Themenbereich umgegangen wird: »Schulreife« ist etwas anderes als »Schulfähigkeit«, »Rechtschreibschwäche« ist nicht exakt dasselbe wie »Legasthenie«, zwischen »Anfangsunterricht« und »Erstunterricht« gibt es in der Literatur Unterscheidungen, die Sie aufgreifen und darstellen müssen.

Besonders notwendig ist die eindeutige Klärung zentraler Begriffe, wenn Sie ein Thema bearbeiten, das relativ aktuelle Tendenzen aufgreift. Hier sind die Begriffe noch nicht festgelegt und werden durch die einzelnen Veröffentlichungen erst noch geformt: Sie werden bemerken, dass Konzepte wie »Offener Unterricht« oder »Rituale in der Grundschule« sehr willkürlich interpretiert werden. Stellen Sie die Beliebigkeit dieser Modebegriffe ggf. dar und formulieren Sie, welchen Gebrauch des Begriffes Sie in Ihrer Arbeit zugrunde legen.

- **Vorhandenes Wissen nutzen:** Wissenschaftliches Arbeiten ist faktenbasiert. Es wird erwartet, dass vorhandenes Wissen möglichst umfassend und korrekt einbezogen wird. Dazu gehören Überlegungen, auf welche Forschungslage sich der gegenwärtige Diskussionsstand stützt.

- **Aussagen belegen:** Die zusammengetragenen Fakten müssen für andere nachprüfbar dargestellt werden. In diesem Zusammenhang erhalten Zitate, Verweise und Quellennachweise (Literaturverzeichnis) ihren eigentlichen Stellenwert. Sie dienen implizit zwar auch dazu nachzuweisen, dass Sie sich ernsthaft und umfassend mit dem Thema auseinander gesetzt haben. Der eigentliche Zweck der Belege ist es aber, die Quellen für die Nachprüfung der zusammengetragenen Fakten aufzudecken. Dabei gilt, dass Allgemeinwissen nicht im Detail belegt werden muss (Niederhauser 2000, S. 25). Wenn Sie schreiben, dass Deutschland ein mehrgliedriges Schulsystem hat oder dass für deutsche Grundschulen das Prinzip der Koedukation gilt oder dass der Erste Weltkrieg zwischen 1914 und 1918 stattfand, dann müssen Sie dies natürlich nicht belegen. Wenn Sie aber zu der Aussage kommen, dass 61,4 Prozent Jungen und 38,6 Prozent Mädchen eine Sonderschule besuchen, dann müssen Sie unbedingt belegen, welcher Quelle Sie diese Daten entnommen haben und aus welchem Jahr sie stammt.

- **Aussagen verarbeiten:** Obwohl es schon eine erhebliche Leistung ist, wenn Sie den vorhandenen Wissensstand referierend oder kompilierend darstellen, erfüllt das den Zweck nur unvollkommen. Ihr Thema stellt einen besonderen Aspekt oder eine spezifische Sichtweise dar. Daher ist es Ihr Auftrag, das vorhandene Wissen unter *dieser* Perspektive zu verarbeiten. Sie werden Ähnlichkeiten oder Differenzen zwischen unterschiedlichen Autoren finden. Stellen Sie Gleichheiten oder Ähnlichkeiten dar und arbeiten Sie die möglichen Differenzen heraus.

● **Aussagen bewerten:** Wenn Sie beginnen, die Positionen zu interpretieren, dann fließen Ihre Wertungen mit ein. Legen Sie dabei Ihre Bewertungskriterien oder die Indikatoren, auf die Sie Ihre Wertung stützen, offen. Machen Sie die Bedingungen, unter denen die Bewertung gilt, sichtbar.

Auf diese Weise entsteht Ihre ganz individuelle Leistung, die über die rein referierende Darstellung hinausgeht und zu einem späteren Zeitpunkt begutachtet und bewertet werden wird. Während dieser diskursiven Textarbeit sollte für Sie selbst immer klar sein, ob Sie Sachverhalte

– beschreiben,
– analysieren,
– vergleichen oder
– interpretieren und bewerten.

Wenn Sie selbst diese Schritte bewusst unterscheiden, wird Ihre intellektuelle Leistung auch für Ihre Gutachter leichter nachvollziehbar sein.

Abb. 7:
Wissenschaftliche
Textarbeit

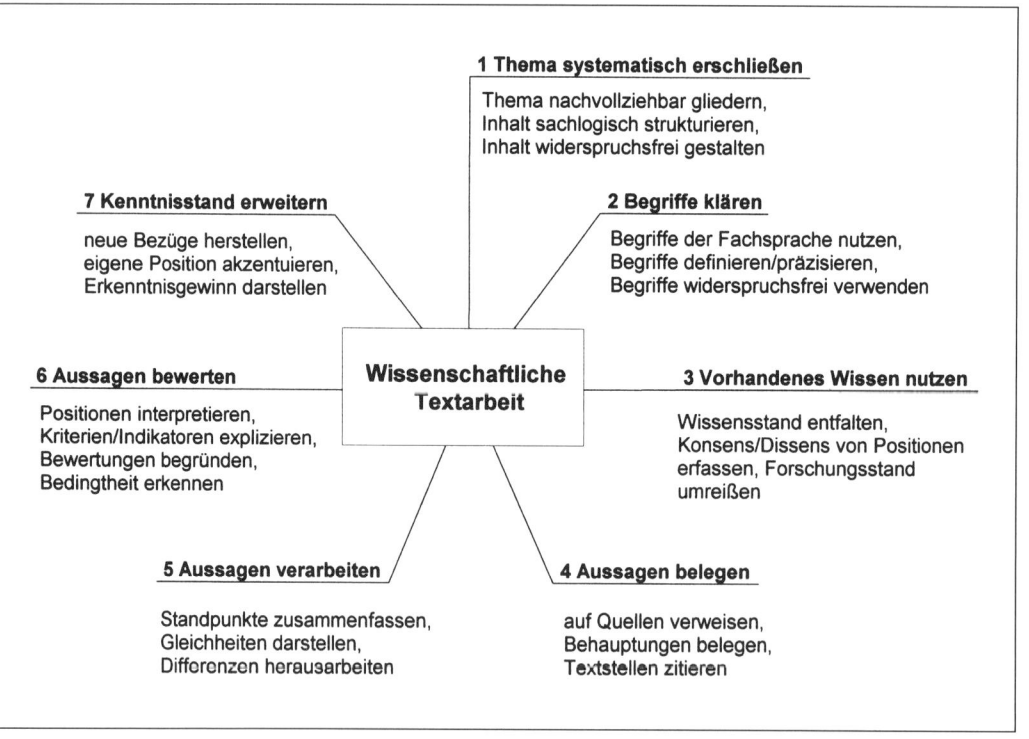

- **Neue Erkenntnisse gewinnen:** Der Zweck des wissenschaftlichen Arbeitens liegt im Erkenntnisgewinn. Dass dieser Anspruch im Prinzip auch für Examensarbeiten gilt, ergibt sich aus dem vorherigen Punkt. Oft wird Ihre Arbeit aber auch ein variables Leistungselement enthalten, das es so vorher noch nicht gab, z.B. eine Befragung von Kindern oder Jugendlichen, eine Analyse neuerer Softwareprodukte, die Entwicklung einer Unterrichtseinheit zu einem aktuellen Thema usw. Dennoch bedeutet »neue Erkenntnisse schaffen« nicht, dass Sie zwingend neue Fakten zu einem Thema beisteuern müssen. Ihre Auseinandersetzung mit einem Objektbereich unter einer bestimmten Fragestellung kann auch dann erkenntnisstiftend sein, wenn Sie die vorhandenen Fakten neu interpretieren: So wie Sie beim Autofahren durch einen Blick in den Innenspiegel beziehungsweise in den linken oder den rechten Außenspiegel spezifische Erkenntnisse gewinnen können, ohne dass sich die Faktenlage ändert, tragen auch Sie mit Ihrer Arbeit zu neuen Erkenntnissen bei, wenn Sie die Texte nicht nur referieren, sondern unter Ihrer thematischen Perspektive neu verarbeiten.

Thematische Perspektive

Tabelle 5: Merkmale wissenschaftlicher Textproduktion	
Merkmale	**Indikatoren**
Thema systematisch erschließen	Thema nachvollziehbar gliedern, Inhalt sachlogisch strukturieren, Aufbau widerspruchsfrei gestalten.
Begriffe klären	Begriffe definieren, Begriffe widerspruchsfrei verwenden, Fachsprache nutzen.
Vorhandenes Wissen nutzen	Wissensstand darstellen, Konsens/Dissens entfalten, Forschungsstand umreißen.
Aussagen belegen	Quellen erfassen, Positionen anhand von Quellen belegen, auf Quellen verwiesen.
Argumente verarbeiten	Argumente referieren, kompilieren, Gleichheiten/Ähnlichkeiten darstellen, Differenzen/Kontraste herausarbeiten, Argumentationen interpretieren und systematisieren.
Argumente bewerten	Argumente bewerten, Bewertung begründen, Bedingtheit eigener und fremder Argumente erkennen und erörtern.
Kenntnisstand erweitern	Erkenntnisgewinn nachvollziehbar darstellen.

Schreibhemmungen

Möglicherweise entwickeln Sie im Zusammenhang mit Ihrer Abschlussarbeit Schreibhemmungen[9], die Ihnen bislang unbekannt waren. Es kann sein, dass Ihnen plötzlich viele wichtige Tätigkeiten einfallen, die Sie schnell noch erledigen »müssen«, ehe Sie richtig anfangen: Vielleicht halten Sie es für eine gute Idee, die Festplatte Ihres PCs vor der Arbeit noch einmal aufzuräumen (Motto: Brauche ich die Kopie meines Beitrags zur Abi-Zeitung noch?) – oder Sie fangen an, im Internet weiträumig zu recherchieren (Motto: Mal sehen, wer noch so heißt wie ich!) – oder Sie informieren sich über die aktuellen Lastminute-Angebote (Motto: Man wird ja noch mal gucken dürfen!) – oder ... es fällt Ihnen sicherlich noch mehr ein. Das alles ist nicht ungewöhnlich. Sie müssen es aber hinter sich bringen. Vielleicht nützt es Ihnen, wenn Sie sich einige Zusammenhänge klarmachen.

Verzögerung
- **Startschwierigkeiten:** Sie stehen vor einer Arbeit, die vom Umfang, vom Anspruch und von der Zeitperspektive her alles übertrifft, was Sie bisher zu bewältigen hatten, und Sie wissen, dass das sehr anstrengend wird. Betrachten Sie Ihre Unschlüssigkeit zunächst einmal als eine ganz normale Verzögerungs- und Vermeidungstaktik. Wenn Sie zwanzig Kilometer zu Fuß gehen oder ein Kartoffelfeld mit dem Spaten umgraben müssten, würden Sie sich ähnlich verhalten. Verkürzen Sie diese Phase: Am Ende müssen Sie doch anfangen, und es ist schade um die Zeit, die Sie durch die Verzögerungstaktik verlieren.

Perfektionismus
- Erwartungsschwierigkeiten: Wahrscheinlich gehen Sie mit sehr hohen Ansprüchen an Ihre Arbeit. – Das ist absolut in Ordnung. Aber es besteht die Gefahr, dass Sie sich in einen Perfektionismus hineinsteigern, von dem Sie unterschwellig ahnen, dass er unerfüllbar ist. Vielleicht erkennen Sie sich im nachfolgenden Werkstattbericht wieder:

> »Kaum habe ich zwei Sätze geschrieben, glaube ich, dass die Sätze zwar richtig sind, aber am falschen Ort stehen ... und wenn ich sie umstelle, dann bemerke ich, dass sie ein bisschen zu sperrig sind ... und wenn ich sie bearbeite, dann bemerke ich, dass sie überflüssig sind ... und überflüssige Sätze soll man ja löschen ... und wenn man es genau betrachtet, gilt das ja für den ganzen Absatz ...

9   Den Begriff Hemmungen verwende ich hier im umgangssprachlichen Sinne. Wenn Sie Grund zur Annahme haben, dass Ihrer »Schreibhemmung« ernsthafte psychische Störungen zu Grunde liegen, sollten Sie unbedingt eine Beratungsstelle Ihrer Hochschule aufsuchen. Um es bildhaft auszudrücken: Bei leichten Schluckbeschwerden helfen Sie sich selbst – bei einer echten Mandelentzündung brauchen Sie fachlichen Rat und medizinische Hilfe.

und wenn man noch genauer hinschaut, dann gilt das für meine ganze Arbeit. Also füge ich ›hoch motiviert‹ die beiden gelöschten Sätze erst mal wieder an die Stelle ein, an der sie entstanden sind, speichere den Text ab und gehe in die Küche, um mir ein Heißgetränk zu machen.«

Objektiv befinden Sie sich in einer schwierigen Situation, weil Sie weder die Maßstäbe Ihrer Gutachter kennen, noch verlässliche eigene Maßstäbe entwickeln konnten. Dennoch: Sie müssen sich weder mit Thomas Mann noch mit Albert Einstein messen. Hören Sie auf, alles, was Sie denken und schreiben, sofort in Frage zu stellen! Lassen Sie auch weniger perfekte Formulierungen bis zur Korrekturphase erst einmal stehen.

- **Systemschwierigkeiten:** Schließlich sollten Sie sich mit einer Schwierigkeit, die für das Schreiben generell gilt, vertraut machen: Wir können sehr viel schneller denken als sprechen – und sehr viel schneller sprechen als schreiben. Schreibhemmungen entstehen daher weniger aus Mangel an Gedanken als aus der »Unfähigkeit«, die Gedanken geordnet festzuhalten. So wie Sie gelernt haben, Denken und Sprechen zu synchronisieren, werden Sie auch lernen, Denken und Schreiben zu koordinieren. So paradox es auf den ersten Anblick auch erscheinen mag: Es geht darum, das Denken zu verlangsamen und darauf zu achten, dass es dem Schreiben nicht zu weit vorauseilt.

Mangelnde Koordinierung

Wahrscheinlich erwarten Sie gerade für den Bereich Schreibhemmungen einige praktische Ratschläge. Dabei ist das besonders schwierig, weil Schreiben eine hochkomplexe intellektuelle, emotionale und psychomotorische Tätigkeit ist. Mehr als in anderen Bereichen ist Ihre individuelle Situation ausschlaggebend. Daher sind Sie zuallererst auf Selbstbeobachtung, Selbstdiagnose und Selbstdisziplin angewiesen. Einige allgemeine Punkte sollten Sie dennoch beachten.

Praxis
- Nehmen Sie vor jedem größeren neuen Abschnitt Ihre Notizen (Karteikarten, »Kapitelhefte«) zur Hand und lesen Sie alles unter der Perspektive des anstehenden Abschnittes durch. Notieren Sie auf einem Zusatzblatt, was Ihnen verwendbar erscheint. Dabei können Sie auch schon brauchbare eigene Formulierungen festhalten, die Ihnen beim Lesen Ihrer Notizen in den Sinn kommen. Das erleichtert es Ihnen später, den Abschnitt zu gestalten. Bringen Sie die Notizen auf dem Zusatzblatt notigenfalls durch eine Nummerierung in eine Gedankenabfolge und arbeiten Sie anhand der Notizen den Text aus.

- Haken Sie beim Schreiben des Abschnittes die Notizen auf dem Extrablatt ab. Auf diese Weise behalten Sie den Überblick darüber, was schon gesagt worden ist und was noch gesagt werden soll.

- Halten Sie beim Schreiben auch sonst immer ein Zusatzblatt (einen kleinen Block) bereit. Oft werden Sie beim Formulieren des Textes, etwas zurückstellen müssen: Entlasten Sie Ihr Kurzzeitgedächtnis (es wird für die aktuelle Formulierung benötigt) und schreiben Sie sich schnell ein paar Stichwörter auf.

Bildliche Darstellung

- Halten Sie komplexe inhaltliche Zusammenhänge vorher in einer Strukturskizze, als Mindmap oder als Flussdiagramm fest. Sind die komplexen Zusammenhänge erst einmal »dingfest« gemacht, lassen sie sich leichter, Schritt für Schritt, sprachlich umsetzen.

- Wenn Sie den Eindruck haben, Ihnen fällt nichts ein, dann ist oft das Gegenteil der Fall: Da Sie sich seit Wochen mit dem Thema beschäftigt haben, fällt Ihnen wahrscheinlich zu viel (auf einmal) ein. Oft mangelt es Ihnen weniger an Ideen, als am Mut, sich zu entscheiden. Handeln in komplexen Situationen bedeutet immer, eine Option wählen und andere abwählen (oder zurückstellen). Das ist beim Schreiben nicht anders. Entscheiden Sie sich also für einen Gedanken und fangen Sie an, ihn auszuformulieren. Eine Korrektur ist später immer noch möglich.

Hilfsfragen

- Wenn Ihnen der Start schwer fällt, formulieren Sie eine Hilfsfrage für den nächsten Abschnitt (nicht gleich für ein ganzes Kapitel!). Die Hilfsfrage muss natürlich inhaltlicher Art sein. Fragen Sie nicht: »Was will ich als Nächstes schreiben?«, sondern »Wie lautet die Kritik an Schulreifetests?« oder »Wie zuverlässig sind Schulreifetests?«. Schreiben Sie die Frage auf Ihr Extrablatt und lassen Sie dieses vor sich liegen, bis die Frage beantwortet und der Abschnitt geschrieben ist. Formulieren Sie dann die nächste Hilfsfrage.

- Akzeptieren Sie beim Schreiben, dass es jeweils viele Möglichkeiten gibt, einen Sachverhalt auszudrücken. Es muss nicht immer gleich die beste Form gefunden werden. Inhalte können zunächst auch umständlich, unvollkommen oder lückenhaft zu Papier gebracht werden. Ebenso müssen Sie nicht auf Anhieb glatte und flüssige Verbindungen zwischen Fakten schaffen: Das gelingt Ihnen, wenn das Gedankengerüst steht, wahrscheinlich besser.

- Versuchen Sie nicht, absichtsvoll »wissenschaftlich« zu schreiben. Sie bauen damit nur eine unnötige Schreibhemmung auf. Der Versuch entspringt wahrscheinlich der falschen Annahme, »wissenschaftlich« wäre mit »kompliziert« gleichzusetzen. Natürlich ist es möglich, so zu schreiben:

»Hinsichtlich des offenen Unterrichts kann der Einsatz des PCs einen individuellen Beitrag zur inhaltlichen Erschließung eines Sachverhaltes oder eines Problems leisten, wenn der Zugang zu den Rechnern und den zugehörigen Peripheriegeräten (Tastatur, Maus, Drucker usw.) so geregelt ist, dass er ohne personale Hindernisse oder lokale Erschwernisse und ohne zeitlichen Verzug, also in unmittelbarem Zusammenhang mit der Entscheidung einer Schülerin oder eines Schülers, sich mit einer Frage oder einem Problem mit Hilfe eines PCs und der einschlägigen Software auseinander zu setzen, erfolgen kann.«

Was steht in diesem Satz? »Der Einsatz des PCs im offenen Unterricht ist sinnvoll. Der PC sollte den Kindern aber problemlos zugänglich sein.«
Wenn Sie beim Schreiben auf Formulierungsschwierigkeiten stoßen, dann sollten Sie sich – zumindest in der Entwurfsphase – an der gesprochenen Sprache orientieren.

- Zerlegen Sie, was Ihnen zu groß erscheint, in lösbare Teilschritte. **Teilaufgaben** Gewöhnen Sie sich an, sich auf überschaubare, kleinere Einheiten zu konzentrieren. Ihre lineare Gliederung oder Ihre Mindmap helfen Ihnen, den Überblick zu behalten. Am besten ist die große Gesamtaufgabe »Examensarbeit« zu bewältigen, wenn Sie sie in kleine Aufgaben auflösen.

- Natürlich ist es angenehm, wenn Sie die Arbeit mit dem ersten inhaltlichen Kapitel beginnen können und sich von dort aus schrittweise an das Ende Ihrer Arbeit vorarbeiten können. Aber es ist ebenso möglich   und manchmal für den Arbeitsablauf effektiver –, wenn Sie mit dem Abschnitt anfangen, bei dem Sie sich am sichersten fühlen. Auf diese Weise gelingt Ihnen der Einstieg ins Schreiben wahrscheinlich besser. Da Sie über einen hierarchischen Gliederungsbaum einerseits und eine Mindmap andererseits verfügen, wissen Sie auch, wenn Sie nicht linear vorgehen, immer, »wo Sie sind« und welchen Stellenwert das Kapitel hat.

- Sehr wichtig ist es, bei zwischenzeitlichen Unterbrechungen oder **Anknüpfungs-** am Tagesende den richtigen Absprung zu bekommen. Versuchen **punkte** Sie nicht, inhaltlich bis an einen bestimmten Endpunkt zu gelangen, sondern hören Sie lieber zu einem Zeitpunkt auf, zu dem Sie noch sehr gut überschauen, wie es weitergehen soll. Fangen Sie ruhig noch einen Satz an, den Sie nicht zu Ende führen, und machen Sie sich auf Ihrem Zusatzblock stichpunktartig Notizen. Wahrscheinlich werden Sie am nächsten Morgen den Satz nicht genau in der Weise zu Ende führen können, wie Sie es am Vorabend getan hätten, aber Sie werden einen besseren Einstieg finden, als wenn Sie ganz neu beginnen müssten.

Unterbrechungen

- Wenn Sie den Eindruck haben, an einen toten Punkt gelangt zu sein, dann sollten Sie sich lieber nicht festbeißen, sondern einen »Merker« setzen und an einer anderen Stelle, bei der Sie sich derzeit sicherer fühlen, weiterarbeiten. Wenn Sie mit Word arbeiten und die Funktion »Textmarke« kennen, werden Sie sie in solchen Fällen sicherlich gern verwenden. Ansonsten geht es auch anders: Setzen Sie einfach ein Zeichen, von dem Sie sicher sein können, dass es in Ihrem Text nicht vorkommt, fügen Sie ggf. eine Nummer dazu, z.B. #1. Später können Sie mit der Suchfunktion zu allen Stellen springen, die mit # beginnen, z.B. #1, #2, #3, und dort weiterarbeiten, wo Sie es für sinnvoll halten.

Konsequente Arbeitshaltung

- Letzter Punkt: Schreibhemmungen basieren oft auf Ablenkung. Sie entstehen, weil es zu viele vermeidbare oder unvermeidbare Unterbrechungen gibt. (Nach jeder Unterbrechung benötigen Sie eine gewisse Zeit, um wieder in den Denk- und Schreibfluss Ihrer Arbeit zurückzufinden.) Sie benötigen eine disziplinierte Selbststeuerung, um sich vom Internet oder von Mitstudierenden nicht ablenken zu lassen. Als Wohnheim- oder WG-Nutzer haben Sie hoffentlich die Möglichkeit, Ihre Mitbewohner zu bitten, die Tür von außen zu schließen. Deutlich schwieriger wird es, wenn Sie mit einer Partnerin oder einem Partner zusammenleben und Ihr Schreibtisch entweder im Wohnzimmer oder im Schlafzimmer steht. Dann können Sie wahrscheinlich nicht einfach die Tür hinter sich zumachen. Versuchen Sie gemeinsam einen realistischen Zeitplan zu entwickeln und bestehen Sie auf seiner Einhaltung.

Überarbeitungs- und Korrekturphase

Die Darstellung Ihrer Arbeit auf dem PC-Bildschirm sieht zu jeder Zeit fast wie eine Reinschrift aus. Lassen Sie sich davon nicht täuschen, sondern unterscheiden Sie deutlich zwischen der Erarbeitungsphase und der Korrekturphase. Von wenigen Geniestreichen abgesehen, glücken Texte selten im ersten Wurf. Daher ist es notwendig, der Korrekturphase in der Zeitplanung ausreichend Platz einzuräumen. Ein Text, der in mehrwöchiger Arbeit entstand, enthält sehr wahrscheinlich inhaltliche, stilistische und formale Brüche. Er bedarf in jedem Fall einer gründlichen Überarbeitung, und zwar in den Bereichen der

- inhaltlichen Kontrolle,
- sprachlichen Berichtigungen und Präzisierung,

- gestalterischen Vervollständigung,
- formalen Korrektur.

Wie viel Zeit Sie dafür einplanen müssen, hängt von Ihrem Arbeitsstil, vom Umfang der Arbeit und von der Komplexität des Themas ab. Die Gesamtzeit vom Beginn der Korrektur bis zum fertig gebundenen Exemplar dürfte aber im Normalfall ungefähr zwei Wochen umfassen.

Um 60 bis 80 Seiten inhaltlich zu überarbeiten, sollten Sie mindestens drei Tage veranschlagen. Dabei geht es darum, Unschärfen zu beheben, sprachliche Korrekturen vorzunehmen und die inhaltliche Richtigkeit sicherzustellen. Meist hat die inhaltliche Ausarbeitung des Themas auch zu Änderungen der Gliederung geführt. **Sprache und Inhalte**

- Achten Sie daher darauf, dass das, was die einzelnen Gliederungspunkte inhaltlich enthalten, durch die Überschriften treffend ausgedrückt wird. **Überschriften**
- Ändern Sie ggf. die Überschriften.
- Achten Sie darauf, dass die Gliederungshierarchie und die Sachlogik nicht verloren gehen.
- Überprüfen Sie das Inhaltsverzeichnis am Ende unbedingt noch einmal »mit fremden Augen«. Was würde jemand, der den Inhalt Ihrer Arbeit noch nicht kennt, in den einzelnen Kapiteln und Unterkapiteln erwarten? **Inhalts-verzeichnis**

Prüfen Sie, ob die einzelnen Kapitel inhaltliche oder gar textliche Wiederholungen enthalten. Wenn Sie nicht fortlaufend geschrieben, sondern einzelne Kapitel unabhängig voneinander verfasst haben, dann ist die Gefahr, dass es zu inhaltlichen Dopplungen kommt, nicht gering. Da Sie sich mit Sicherheit während der Arbeit der »Copy-Paste«-Technik bedient haben, sollten Sie auch darauf achten, dass Textabschnitte nicht zweimal auftauchen.

Je nach Thema spielt die Gestaltung Ihrer Arbeit eine wichtige Rolle. Wenn größere Abbildungen aus fremden Quellen eingescannt, an das Layout angepasst und in die Arbeit eingefügt werden müssen, dann kommen Arbeiten auf Sie zu, die Sie terminlich einplanen müssen. Aber auch dann, wenn das nicht der Fall ist, werden Sie einzelne Diagramme oder Strukturskizzen mit den einschlägigen Programmen in Reinform bringen und in den Text einbinden müssen. Falls Sie andere Grafiken, Kinderarbeiten, Kinderschriften, die Darstellung von Arbeitsmaterialien oder Fotos als Quellen mit einbeziehen wollen, müssen diese wahrscheinlich vergrößert, verkleinert, kopiert und ggf. zum Einkleben entsprechend der Anzahl der Abgabeexemplare bereitgestellt werden. Prüfen Sie, ob Tabellen und Abbildungen nachvollziehbare Beschriftungen haben. (Kann man eine Tabelle oder eine Grafik aus ihrer Legende und aus der Bildunterschrift heraus verstehen?)

Aber auch in formaler Hinsicht bedarf die Arbeit einer gründlichen Kontrolle. Hier geht es vor allem darum, Zitate und Quellen sowie das Literaturverzeichnis noch einmal gründlich zu überprüfen. Sind alle Werke, auf die Sie zitierend verweisen, im Literaturverzeichnis vorhanden? Das ist eine Minimalforderung: Wie soll man sonst die Quelle finden? Trotz aller Bemühungen, Literatur von Anfang an korrekt zu erfassen, werden Sie sich darauf einstellen müssen, dass noch Unstimmigkeiten im Literaturverzeichnis auftauchen. Sofern Sie bibliotheksnah arbeiten (und die entsprechenden Bücher gerade nicht ausgeliehen sind), ist der sicherste Weg, das Buch selbst noch einmal einzusehen. Anderenfalls sind Sie auf Datenbanken im Internet angewiesen.

Praxis

Eine nahezu komplette Dokumentation deutschsprachiger Bücher stellt die »Deutsche Nationalbibliographie« bereit, auf die Sie via Internet zugreifen können:

> http://dnb.ddb.de (ohne www. eingeben!)

Generell gelten aber zwei Einschränkungen:
- Datenbanken erfassen die Werke immer mit einer gewissen zeitlichen Verzögerung.
- Datenbanken sind kein Ersatz für den direkten Zugriff auf reale Bücher. Zum einen können Unstimmigkeiten bei kleinen Verlagen auftreten, z.B. bei Selbstverlagen. Zum anderen entspricht die Datenerfassung möglicherweise nicht genau den Anforderungen Ihrer wissenschaftlichen Abschlussarbeit.

Rechtschreib-
kontrolle

In jedem Fall sollten Sie bereits während des Schreibens die Rechtschreibkontrolle Ihres Textverarbeitungsprogramms einschalten. Achten Sie auf die Kennzeichnung von nicht erkannten Wörtern und korrigieren Sie ggf. deren Eingabe sofort.

Auch eine elaborierte Rechtschreibprüfung ist gegenwärtig auf die Wörter des allgemeinen Sprachgebrauchs beschränkt. Fachbegriffe und viele Fremdwörter bleiben unerkannt. Schon deshalb kommen Sie um eine gewissenhafte Durchsicht Ihrer Arbeit nicht herum. Prüfen Sie die Rechtschreibung zum Schluss also noch einmal sehr bewusst oder lassen Sie eine »schriftsichere« Person Ihre Arbeit auf Rechtschreibfehler durchsehen. Für die Durchsicht durch eine fremde Person sollten Sie aber mindestens zwei Tage einplanen, weil die Durchsicht sonst wegen der großen Belastung an Genauigkeit verlieren dürfte. Für die abschließenden Korrekturen, den Ausdruck, das Kopieren und Binden sollten Sie drei Tage reservieren.

Tabelle 6: Zeitplanung für die Korrekturphase		
Schritt	**Tätigkeit**	**Vermutliche Dauer**
Überarbeitung	Inhaltliche Kontrolle, sprachliche Präzisierung	2–4 Tage
Vervollständigung	Gestalterische Vervollständigung, Zitate prüfen, Quellenverzeichnis kontrollieren und ergänzen	1–2 Tage
Kontrolle	Rechtschreibkontrolle ggf. durch einen Fremdleser	2 Tage
Herstellung	Abschließende Korrektur, Ausdruck, Kopieren, Binden	2–3 Tage

Resümee

Abbildung 8 zeigt die Schritte der Erarbeitung eines längeren Textes noch einmal im Überblick. Machen Sie diese Phaseneinteilung zu Ihrem »inneren Kompass«, dann fällt es Ihnen leichter, den Fortschritt Ihrer Abschlussarbeit selbst richtig einzuschätzen.

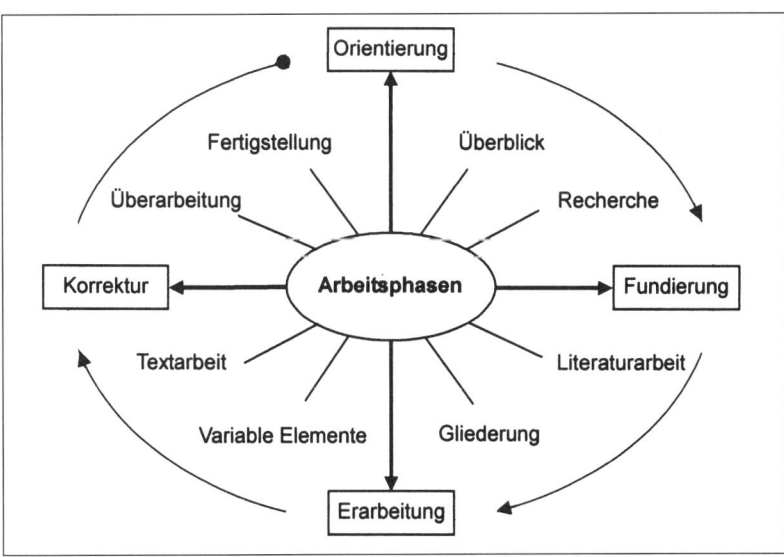

Abb. 8:
Arbeitsphasen der
Texterstellung

4. Formale Aspekte

4.1 Gliederung

Jede wissenschaftliche Arbeit muss klar und plausibel strukturiert sein. Ausdruck dieser Strukturierung ist eine folgerichtige und nachvollziehbare Gliederung.

Tabelle 7: Gliederungsformen	
1.　　　Hauptkapitel (erste Ebene)	I.　　Hauptkapitel (erste Ebene)
1.1　　Teilkapitel (zweite Ebene)	A.　Teilkapitel (zweite Ebene)
1.1.1　Dritte Ebene	1.　Dritte Ebene
1.1.2　Dritte Ebene	2.　Dritte Ebene
1.2　　Teilkapitel (zweite Ebene)	B.　Teilkapitel (zweite Ebene)
1.2.1　Dritte Ebene	1.　Dritte Ebene
1.2.1.1 Vierte Ebene	a) Vierte Ebene
1.2.1.2 Vierte Ebene	b) Vierte Ebene
1.2.1.3 Vierte Ebene	c) Vierte Ebene
1.3　　Teilkapitel (zweite Ebene)	C.　Teilkapitel (zweite Ebene)
1.3.1　Dritte Ebene	1.　Dritte Ebene
…	…
1.3.2　Dritte Ebene	2.　Dritte Ebene
…	…
2.　　　Hauptkapitel (erste Ebene)	II.　Hauptkapitel (erste Ebene)
…	…

Numerische Gliederung

Für die Art der Gliederung gibt es unterschiedliche Vorschläge, die sich aus der jeweiligen Tradition eines Faches ergeben, z.B. die Dezimalgliederung oder eine Gliederung mit Versalien, römischen Ziffern, arabischen Ziffern und Kleinbuchstaben. Für den Bereich der Pädagogik hat sich inzwischen eindeutig die erste Version durchgesetzt. Die zweite Gliederungsform findet sich im Bereich der Pädagogik höchstens noch in älteren Veröffentlichungen – und allenfalls in Dissertationen. Aber auch

Alphanumerische Gliederung

dafür ist sie nicht empfehlenswert: Während man bei der Angabe »1.2.1.1« relativ genau weiß, wo man sich befindet, hat die Angabe »a)« einen eindeutig geringeren Orientierungswert.

Alle neueren Textverarbeitungsprogramme verfügen über eine Gliederungsfunktion. Da Sie Ihre Arbeit sehr wahrscheinlich auf einem Computer schreiben, sollten Sie die Gliederungsfunktion rechtzeitig ausprobieren. Sie erleichtert im Zusammenhang mit der Darstellung der Dokumentstruktur den Umgang mit längeren Texten erheblich.

Später können Sie mit Hilfe der Gliederungsfunktion auch ein Inhaltsverzeichnis mit den entsprechenden Seitenzahlen Ihrer Arbeit per Knopfdruck erzeugen und ausdrucken. Die Gliederungsfunktion Ihres Textverarbeitungsprogramms[10] bietet Ihnen in der Regel unterschiedliche Alternativen an. Wählen Sie die Gliederungsform, die der Tradition Ihres Faches entspricht. Wenn es keine Vorschriften gibt, empfiehlt sich die Verwendung der Dezimalgliederung. Einige Grundregeln gelten allerdings für jede Art der Gliederung:

- Die Überschriften müssen dem Inhalt des jeweiligen Abschnittes entsprechen. Sie sollen klar umreißen, um was es in diesem Kapitel geht.
- Die Untergliederung eines Punktes setzt voraus, dass sich mindestens zwei Unterpunkte voneinander abheben lassen.

Negativbeispiel

Es ist ein Strukturfehler, wie folgt zu gliedern:

1 Aktuelle Verfahren der Schuleingangsdiagnostik
  Text …
1.1 Das Kieler Einschulungsverfahren
  Text …
2 Die Gestaltung des ersten Schultages
  Text …

Gliederungsfehler

Kommentar: Wenn Sie sich zum Thema Schuleingangsdiagnostik ohnehin nur mit dem »Kieler Einschulungsverfahren« beschäftigen wollen – was zwar ungewöhnlich wäre, im Rahmen einer konkreten Fragestellung aber sinnvoll sein kann –, dann ist die Untergliederung in 1.1 wenig sinnvoll und nicht korrekt: Das »Kieler Verfahren« ist ja ohnehin das einzige von Ihnen erörterte diagnostische Verfahren. Es gibt keinen Punkt 1.2. Also können Sie alles, was Sie sagen wollen, unter Punkt 1 zusammenfassen.

Untergliedern Sie nicht zu stark. Die Untergliederung in drei bis vier Gliederungsebenen sollte definitiv ausreichen. Für die meisten Kapitel Ihrer Arbeit werden vermutlich drei Gliederungsebenen genügen.

Bei höherrangigen Gliederungspunkten (z.B. Kapitelüberschriften) kann es vorkommen, dass Sie unmittelbar nach der Gliederungsüberschrift eine weitere Untergliederung vornehmen möchten. Dann folgt

---

10 Tipps und Anleitungen s. Kapitel 8.

also dem ersten (höheren) Gliederungspunkt sofort ein zweiter (niedrigerer) Gliederungspunkt. Dies ist selbstverständlich zulässig.

Beispiel
1   Analphabetismus im Erwachsenenalter
1.1   Der sekundäre Analphabetismus
1.1.1 Forschungen in USA und Europa
      Text ...

Kommentar: In vielen Veröffentlichungen finden Sie in solchen Fällen dennoch einige einführende Zwischensätze, weil die Autoren die direkte Abfolge von Kapitel und Unterkapitel vermeiden wollen. Von der »Textoptik« her kann es also empfehlenswert sein, einen erläuternden Absatz zwischen die Gliederungspunkte einzufügen. Notwendig ist dies aber nicht. Dem ersten Gliederungspunkt kann durchaus der zweite Punkt unmittelbar folgen. Nur dann, wenn Sie wirklich etwas Einführendes oder Überleitendes mitzuteilen haben, lohnt sich der Aufwand. Es bringt für Ihre Arbeit wenig, wenn Sie zwischen die Überschriften des Kapitels und des Unterkapitels etwas »heiße Luft« einarbeiten.

Inhaltliche Substanz

Achten Sie immer darauf, dass jeder ausgewiesene Gliederungspunkt auch genügend Substanz enthält. Erwecken Sie mit der Gliederung keine Erwartungen, die der Text anschließend nicht halten kann.

Negativbeispiel
1   Analphabetismus im Erwachsenenalter
1.1   Der sekundäre Analphabetismus
In der öffentlichen Diskussion und in vielen Fachveröffentlichungen der Gegenwart wird immer wieder auf das Phänomen des sekundären Analphabetismus hingewiesen. Damit wird ein internationales Problem angesprochen, das trotz seiner ständig steigenden sozialen Bedeutung noch immer nicht in vollem Umfang gewürdigt wird.
1.2   Konsequenzen für die Erwachsenenbildung
Text ...

Kommentar: Wenn Sie nicht mehr als eine rhetorische Schleife zum Problem des sekundären Analphabetismus produzieren wollen oder können, dann sollten Sie wenigstens keinen eigenen Gliederungspunkt dafür eröffnen. Es macht keinen guten Eindruck, wenn sich hinter einem Gliederungspunkt nicht mehr als der Inhalt eines Verweises verbirgt oder wenn der Umfang des Textes zu einem Gliederungspunkt kaum über den einer Fußnote hinausgeht.

4.2 Gestaltung

Bei Examensarbeiten sind Sie bezüglich der Seitengestaltung nicht ganz frei. Es wird erwartet, dass Sie bestimmte Punkte einhalten. Dennoch sind die technischen Aspekte wie Seitenränder, Zeilenzahl, Zeilenabstände, Seitenzählung und Seitennummerierung meist nicht exakt festgelegt. Richten Sie sich nach den folgenden Punkten oder folgen Sie den Vorgaben Ihres Instituts oder Prüfungsamtes.

4.2.1 Seitengestaltung

Die Seitengestaltung ergibt sich aus den Einstellungen Ihres Textverarbeitungsprogramms. Diese Einstellungen hängen einerseits davon ab, welches Textverarbeitungsprogramm Sie benutzen, andererseits davon, welche Schriftart Sie wählen. Generell sollten Sie von folgenden Grundregeln ausgehen:

- Alle Blätter werden grundsätzlich nur einseitig beschrieben. **Grundregeln**
- Der Zeilenabstand beträgt 1,5.
- Die Zahl der Zeilen pro Seite beträgt etwa 35.
- Die Schriftgröße beträgt 12 Punkt.

Wahl der Grundschrift

Wissenschaftliche Arbeiten sind in Maschinenschrift anzufertigen. Für Examensarbeiten, Bachelor-, Master- oder Diplomarbeiten gilt dies ohne Einschränkung. Auch bei anderen Arbeiten (z.B. bei Referaten, Hausarbeiten, Praktikumsberichten) werden die Lehrenden im Normalfall Maschinenschrift erwarten. Abweichungen von dieser Regel müssen daher im Einzelfall unbedingt mit den Lehrenden vorab geklärt werden. Die Anforderung von »Maschinenschrift« kommt im Prinzip aus dem Schreibmaschinenzeitalter: Formatvariationen, die über das Einstellen des Zeilenabstands hinausgingen, waren faktisch kaum möglich. Durch die Verwendung von Textverarbeitungsprogrammen sind die Möglichkeiten der Formatierung aber erheblich gestiegen. Daher ist es zwingend notwendig, einige Punkte rechtzeitig vor der Reinschrift zu klären. Das gilt vor allem für die Frage, ob eine »proportionale Schrift« (wie beim Buchdruck) oder eine »nicht proportionale Schrift« (wie bei der klassischen Schreibmaschine) verwendet werden soll. Für den Zeilenverlauf ergeben sich daraus erhebliche Unterschiede.

Beispiel

Dieser Text ist mit der proportionalen Schrift »Times New Roman« geschrieben.

```
Dieser Text ist mit der nicht proportionalen
Schrift »Courier New« geschrieben.
```

Da bei der »Buchschrift« (proportionale Schrift) deutlich mehr Zeichen in einer Zeile stehen als bei der »Schreibmaschinenschrift« (nicht proportionale Schrift), ergibt sich bereits bei diesem kurzen Beispieltext eine deutliche Differenz.[11]

Wahrscheinlich wird Ihnen die nicht proportionale Schrift zu altmodisch und zu unprofessionell erscheinen, weil Sie sich an den ästhetischen Merkmalen des Buchdrucks orientieren. Bücher haben in der Regel aber ein anderes Format als DIN A4 und einen anderen Satzspiegel. Wenn die Zeilen zu lang werden oder wenn zu viele Zeichen in einer Zeile stehen, dann ist die Lesbarkeit des Textes tangiert. Klären Sie die Frage der Schriftart daher mit den betreuenden (und gutachtenden) Lehrenden. Letztlich kommt es auf *deren* Lesegewohnheiten an. Diese Personen arbeiten sich pro Semester oft durch einen Riesenstapel von Abschlussarbeiten – und wer tausend oder mehr Seiten lesen muss, für den spielen auch geringfügige Erleichterungen oder Erschwernisse eine Rolle. Die Frage nach der Schriftart ist also keine Lappalie.

Allgemeine Regeln

Allgemein können Sie von folgenden Grundregeln ausgehen – oder mit Ihren Betreuern erörtern:

- Verwenden Sie als Schrifttype eine Schrift mit »Serifen«. Serifen sind die kleinen Striche an den Schriftkanten. Durch sie wird der Zeileneffekt unterstützt. Dies erleichtert die Orientierung beim Lesen. Sie sollten also entweder »Courier New« oder »Times New Roman« als Grundschrift verwenden.
- Serifenlose Schriften, z.B. »Arial«, sollten Sie nur für Überschriften, in Tabellen, für die Beschriftung von Grafiken oder für kurze Texte, die besonders hervorgehoben werden sollen, benutzen.

Schriftart

---

11 Bei Proportionalschriften hängt die Buchstabenbreite von den Proportionen des Buchstaben ab: Ein »i« nimmt wesentlich weniger Platz ein als ein »w«. Bei nicht proportionalen Schriften ist die Buchstabenbreite dagegen immer gleich: `Ein »i« benötigt genauso viel Platz wie ein »w«.`

- Stellen Sie die Schriftgröße für Ihre Arbeit auf »12 Punkt« ein. Das entspricht der normalen Höhe von Schreibmaschinenschriften.

Schriftgröße

- Aktivieren Sie die Silbentrennfunktion. Wenn Sie aus irgendeinem Grund »von Hand« trennen müssen, z.B. in Tabellen, dann benutzen Sie einen »bedingten Trennstrich«: Bei Word und StarOffice erreichen Sie dies durch die Eingabe von *Strg* und - (bei gedrückter Steuerungstaste einen Trennstrich tippen).

- Schreiben Sie Ihren Text linksbündig. Ihr Text sieht im Blocksatz zwar besser aus, aber er wird nicht lesefreundlicher dadurch. Manchmal entstehen unerwartet große Wortlücken, die das Lesen erschweren. Zwar vermeidet eine gut funktionierende Silbentrennung eine hässliche Gestaltung wie in diesen (absichtlich übertrieben dargestellten) Beispielzeilen. Dennoch ist der Blocksatz kein Gewinn: Die ungleiche Zeilenlänge, die sich bei der Einstellung »linksbündig« ergibt, hilft dem Leser, sich im Text zu orientieren, z.B. beim Rücksprung nach dem Lesen einer Fußnote.

Linksbündiger Text

- Mit Hervorhebungen im Text sollten Sie sparsam umgehen und sich nur auf die Wörter oder Textteile beschränken, die für das Verständnis wirklich einer Hervorhebung bedürfen. Beschränken Sie sich möglichst auf eine einzige Hervorhebungsform und vermeiden Sie Unterstreichungen. Sie sind unzweckmäßig, weil die Unterlängen einzelner Buchstaben davon beeinträchtigt werden. Wählen Sie für die Hervorhebung lieber *Kursivdruck*.

Hervorhebungen

- Sollte die Seitenzahl vorgegeben sein, dann ist es nicht ratsam, mit der Schriftgröße zu »tricksen«. Wenn Sie mehr Seiten benötigen (was oft der Fall ist), dann sprechen Sie rechtzeitig mit den Betreuern darüber. Für diese ist es wahrscheinlich ärgerlich, wenn Sie versuchen, das Mehr an Text mit einer kleineren Schrift zu kaschieren. Achten Sie bei der Einstellung der Seitenränder darauf, dass Sie etwa 2.000−2.300 Zeichen (inklusive Leerzeichen) auf einer Seite unterbringen. Bei Courier New fallen die Ränder dann schmaler aus als bei Times New Roman. Insgesamt wird die Seite bei proportionalen Schriften etwa 15 Prozent mehr Zeichen aufnehmen. Fragen Sie die betreuenden Lehrenden nach deren Präferenzen.

Umfang

4.2.2 Einstellungen am PC

Wenn es an Ihrem Institut formale Regeln für den Satzspiegel von Abschlussarbeiten gibt, halten Sie sich daran. Anderenfalls können Sie den nachfolgenden Anleitungen für die Textverarbeitungsprogramme Word und StarOffice/OpenOffice schrittweise folgen.

Praxis für Word (Version 2003)

Word:
Einstellungen

① Erzeugen Sie ein neues Dokument. Rufen Sie das Menü *Format – Zeichen* auf! Aktivieren Sie: *Schriftart für westlichen Text – Times New Roman* (oder Courier New) – *Schriftschnitt – Standard – Schriftgrad – 12*. Klicken Sie in der untersten Zeile *Standard* an, dann wirkt sich das auf alle Texte aus.

② Rufen Sie das Menü *Datei – Seite einrichten ...* auf! Stellen Sie die Werte für die Schriftart Times New Roman wie folgt ein: *Oben: 2,5 – Unten 2,5 – Links 5,0 – Rechts 3,5* (65–75 Anschläge pro Zeile). Einstellungen für Courier New: *Oben 2,5 – Unten 2,0 – Links 4,0 – Rechts – 2,0* (60 Anschläge pro Zeile).

③ Rufen Sie das Menü *Format – Absatz* auf! Aktivieren Sie folgende Werte: *Ausrichtung – links – Zeilenabstand-1,5 Zeilen* (34 Zeilen bei Times New Roman, 35 Zeilen bei Courier New pro Seite).

④ Rufen Sie das Menü *Einfügen – Seitenzahlen ...* auf! Platzieren Sie die Seitenzahlen wie folgt: *Seitenende – Rechts*. Da Sie das Titelblatt sehr wahrscheinlich getrennt schreiben werden, beginnen Sie die Zählung auf der ersten Seite.

Praxis für StarOffice (Version 7)

StarOffice:
Einstellungen

① Erzeugen Sie ein neues Dokument. Rufen Sie das Menü *Format – Zeichen* auf! Aktivieren Sie: *Schriftart – Times New Roman* (oder Courier New) – *Schriftschnitt – Standard – Schriftgrad – 12*.

② Rufen Sie das Menü *Format – Seite – Seite* auf! Stellen Sie die Werte für die Schriftart Times New Roman wie folgt ein: *Oben 2,5 – Unten 2,0 – Links 5,0 – Rechts 3,5* (65–75 Anschläge pro Zeile). Einstellungen für Courier New: *Oben: 2,5 – Unten: 2,5 – Links 4,0 – Rechts 1,7* (60 Anschläge pro Zeile).

③ Rufen Sie das Menü *Format – Absatz* auf! Aktivieren Sie auf der Karte *Ausrichtung* die Einstellung *links*, auf der Karte *Einzüge und Absätze* die Einstellung *Zeilenabstand – 1,5-zeilig* (34 Zeilen bei Times New Roman, 35 Zeilen bei Courier New pro Seite).

④ Rufen Sie das Menü *Einfügen – Fußzeile – Standard* auf! Rufen Sie dann das Menü *Einfügen – Feldbefehl – Seitenzahl* auf. Formatieren Sie die Seitenzahl über das entsprechende Icon aus der Menüleiste rechtsbündig. Da Sie das Titelblatt sehr wahrscheinlich getrennt schreiben werden, beginnen Sie die Zählung der Seiten mit 1.

Beachten Sie bitte: Ihre betreuenden Lehrenden haben möglicherweise eigene Vorstellungen. Nehmen Sie darauf Rücksicht und sprechen Sie die Seiteneinstellungen mit den Lehrenden vorsorglich ab.

5. Aufbau der Arbeit

Schriftliche Ausarbeitungen folgen im Allgemeinen einem bestimmten Aufbauschema. Dies gilt zumindest dann, wenn es sich um eine längere Ausarbeitung, z.B. um ein schriftliches Referat oder um eine wissenschaftliche Hausarbeit handelt.

Tabelle 8: Grundelemente einer Abschlussarbeit	
Element	**Erläuterung**
Titelblatt	z.B. nach Mustervorlage 1
Vorwort	persönliche Motive, Probleme ... (optional)
Inhaltsverzeichnis	Überblick über alle Textteile, die dem Inhaltsverzeichnis folgen (mit Seitenangaben)
	Bearbeitung des Themas
1 Einleitung	Einführung ins Thema (optional)
2 Kapitel mit Unterkapiteln ... und Kapitelzusammenfassung	Hauptteil der Arbeit (optional)
3 Kapitel mit Unterkapiteln ... und Kapitelzusammenfassung	(optional)
...	
x Zusammenfassung, Schlusswort	Ergebnisse, Einschränkungen, offene Fragen
Literaturverzeichnis	Quellen der Arbeit
Anhang	Webseiten, Fragebogen, Fotos ... (optional)
Rechtliche Erklärungen	Selbstständigkeitserklärung, (obligatorisch) Erklärung zur Einsichtnahme in die Arbeit (optional), z.B. nach Mustervorlage 2

5.1 Titelblatt

Jede zur Bewertung vorgelegte Arbeit sollte ein Titelblatt haben. Dies erlaubt die problemlose Zuordnung der Arbeit durch das Prüfungsamt und durch die Lehrenden. Bei Examensarbeiten und Abschlussarbeiten aller Art, die umfangreicher sind und ein Inhaltsverzeichnis enthalten müssen, versteht sich diese Anforderung von selbst. Aber auch Referate und kleinere Hausarbeiten sollten ein Deckblatt aufweisen.

Muster
- **Examensarbeiten:** Das Titelblatt von Examensarbeiten richtet sich oft nach vorgegebenen Mustern. Betrachten Sie solche Vorgaben des Prüfungsamtes oder von Lehrenden als eine Entlastung: Sie müssen das Titelblatt bei der Reinschrift, die häufig schon unter einem gewissen Zeitdruck zustande kommt, nicht erst neu »erfinden«, sondern können ein vorgegebenes Muster nutzen (s. S. 161).

Muster
- **Schriftliches Referat/Hausarbeiten:** Schriftliche Ausarbeitungen für semesterbegleitende Arbeiten sollten auf dem Titelblatt immer folgende Angaben enthalten (s. S. 163):
  - Ihren Namen und Ihre Anschrift,
  - das Semester (das laufende Semester),
  - den Titel der Veranstaltung,
  - das Thema des Referats.

  Dies macht den Lehrenden die Ablage Ihrer Arbeit, das Wiederauffinden und ggf. auch eine spätere Kontaktaufnahme einfacher. Wenn Ihre Arbeit im Zusammenhang mit dem Erwerb eines Leistungsnachweises erfolgt, dann ist es sinnvoll, Ihrer Arbeit einen vorbereiteten »Schein« beizuheften. Es ist angesichts der großen Zahl von Arbeiten, die bei den Lehrenden eingehen, wenig sinnvoll, wenn Sie zuerst die Arbeit abgeben und sechs oder acht Wochen später mit einem Blankoschein in einer Sprechstunde erscheinen.

5.2 Vorwort

Viele Buchveröffentlichungen beginnen mit einem Vorwort. Auch bei längeren Arbeiten, z.B. bei Examensarbeiten kann es sich anbieten, die persönliche Motivation für das Thema, Vorerfahrungen oder Probleme, die sich bei der Bearbeitung ergeben haben, in einem Vorwort zusammenzufassen. Falls sich bei Ihrer Arbeit aber kein Bedarf dafür abzeichnet, sollten Sie auf das Vorwort verzichten.

Sofern Sie ein Vorwort für erforderlich halten, kann es auch Danksagungen enthalten, z.B. wenn Ihnen durch Autoren oder Institutionen unveröffentlichte Materialien zur Verfügung gestellt wurden. Eine Danksagung im Vorwort Ihrer Arbeit enthält dann möglicherweise Informationen, die für das Lesen und für den Nachvollzug Ihrer Argumentation eine Funktion haben. Anders sieht es mit persönlichen Widmungen aus, die von manchen Studierenden ins Vorwort aufgenommen oder ihrer Arbeit vorausgeschickt werden. Ihre Examens- oder Abschlussarbeit ist Teil Ihrer Staatsprüfung. Sie wird im Prinzip nur von den staatlich bestellten Gutachterinnen und Gutachtern gelesen. Wenn also ein Vorwort erforderlich ist, dann muss es einen deutlichen Bezug zur Arbeit haben. Für persönliche Widmungen oder Texte wie im nachfolgenden Beispiel (das der Realität sehr eng nachempfunden ist) ist es wirklich nicht geeignet.

Negativbeispiel
Meiner Familie, die meinen bisherigen Lebensweg mit Liebe und Vertrauen begleitet und unterstützt hat, gilt mein besonderer Dank. Ich widme diese Arbeit meinem Opa, auf den ich mich immer verlassen konnte. Besonderer Dank gilt meiner Freundin Viola, die beim Korrekturlesen geholfen hat. Dieses gilt auch für Elke und Julia. Danken möchte ich auch meinem Freund Gert, der mich immer wieder ermutigt hat.

Natürlich schadet ein solcher Eintrag nicht. Aber wem nützt er? Wenn Sie Ihren Eltern, Ihrer Oma oder Ihren Freunden Dank sagen wollen, dann gibt es sicherlich vernünftigere Formen: Ein Blumenstrauß, ein persönlicher Brief (»Liebe Eltern, was macht Ihr eigentlich mit dem vielen Geld, wenn ich mal fertig bin?«), ein Gedicht im Privatanzeigen-Stil (»Lieber Peter, bald wirst du dreißig, und beim Tippen warst du sehr fleißig …«), eine Flying-Pizza oder eine originelle Einladung sind wahrscheinlich angemessener als der Eintrag im Vorwort einer Examensarbeit, die ihr künftiges Dasein im Aktenkeller des Landesprüfungsamtes fristet. Bestenfalls amüsieren sich Ihre Gutachter darüber – aber, ist das eine gute Einstimmung für das Lesen einer wissenschaftlichen Abschlussarbeit?

Tabelle 9: Vorwort	
Aufgaben	**Erläuterung**
Persönliche Aussagen	Besondere Probleme, Vorerfahrung, Motivation etc.
Danksagungen	Bereitstellung von Quellen, Ermöglichung des Zugangs zu Daten etc.

5.3 Inhaltsverzeichnis

Jede längere Arbeit muss ein Inhaltsverzeichnis haben. Seine Aufgabe ist klar umrissen: »Das Inhaltsverzeichnis erfasst sämtliche Gliederungsteile, die ihm folgen« (Poenicke [2]1988, S. 109). Das Vorwort, das ja im engeren Sinne nicht Teil der Arbeit ist, steht vor dem Inhaltsverzeichnis und taucht deshalb in diesem nicht auf. Das Inhaltsverzeichnis entspricht weitgehend der Gliederung Ihrer Arbeit. Zwei Punkte sind dennoch zu nennen:

- Das Inhaltsverzeichnis soll nicht nur die Überschriften von Kapiteln und Unterkapiteln aufnehmen. Es muss auch die Seitenzahlen enthalten. Nur so kann es zum schnellen Nachschlagen genutzt werden.
- Das Inhaltsverzeichnis muss nicht bis in die unterste Gliederungsebene gehen. Vor allem bei Arbeiten, die sehr stark gegliedert sind, würde das Inhaltsverzeichnis sonst leicht unübersichtlich. Die Inhaltserfassung bis zur dritten Gliederungsebene reicht in der Regel aus.

Seitenzahlen Wenn Sie mit der Gliederungsfunktion Ihres Textverarbeitungssystems arbeiten, dann erhalten Sie das Inhaltsverzeichnis später sozusagen »gratis«. Die richtigen Seitenzahlen ermittelt das Programm dann natürlich auch. Obwohl das automatisch erstellte Inhaltsverzeichnis vor dem Ausdruck noch einmal angepasst wird (falls Sie noch etwas geändert haben), sollten Sie mit der Erstellung des Inhaltsverzeichnisses warten, bis der Text wirklich fertig ist (vgl. Kapitel 8.3.2).

Tabelle 10: Inhaltsverzeichnis	
Aufgabe	**Erläuterung**
Struktur der Arbeit verdeutlichen	Sachlogische Gliederung Hierarchischer Aufbau Darstellung unterschiedlicher Gliederungsebenen
Zugriff auf Inhalte ermöglichen	Seitenangaben erforderlich

5.4 Einleitung

Bei längeren Arbeiten (also insbesondere bei Abschluss- und Examensarbeiten) ist es sinnvoll, eine Einleitung zu verfassen. Diese Einleitung versteht sich als Einführung ins Thema. Sie akzentuiert die spezifische Perspektive, unter der die Themenstellung betrachtet werden soll, und entwirft die Vorgehensweise der Autorin oder des Autors. Insgesamt gilt, dass man eine Einleitung frühestens schreiben sollte, wenn die Arbeit als

Ganzes schon zu überblicken ist. Fangen Sie also nicht mit der Einleitung an, sondern verfassen Sie zunächst nur eine Art Positionspapier für sich selbst und sammeln Sie während der Arbeit Punkte für die Einleitung. Ziel der Einleitung ist es, auf die nachfolgende Darstellung und Argumentation vorzubereiten. Dafür sollte die Einleitung

- grundlegende Probleme des Themas benennen,
- grundlegende Begriffe des Themas umreißen,
- aktuelle Positionen vorstellen.

Eine gute Einleitung steckt also den Rahmen ab, in dem sich die nachfolgende Arbeit bewegt. Dabei ist es auch möglich, Einschränkungen vorzunehmen. Zusätzlich nutzen viele Autorinnen und Autoren die Einleitung dazu, um die Abfolge ihrer Argumentation im Überblick vorzustellen und die Strukturierung der Arbeit in einer Art Disposition offen zu legen, z.B.:

- Kapitel 1 wendet sich der historischen Entwicklung zu ...
- Im Kapitel 2 soll die Frage diskutiert werden, inwieweit ...
- Das 3. Kapitel verfolgt das Ziel, ...

Notwendig ist diese Vorausschau nicht, aber sie kann bei umfangreicheren Arbeiten sinnvoll sein. Allerdings sollte es sich dabei nicht einfach nur um Paraphrasierungen der Kapitelüberschriften handeln, vielmehr sollten der Stellenwert und die Zielrichtung der Kapitel erkennbar werden. Dieser Teil der Einleitung (falls Ihre Einleitung mehrere Teile hat) ist also eine Art Vorausorganisator, der die Erwartung der Leser steuert und das Verständnis für die Argumentation erleichtert.

Bei einem weit gefassten Thema ist es sinnvoll, über eine Eingrenzung **Schwerpunkt-** nachzudenken. Wenn Ihr Thema z.B. die Bedeutung der Medien für **setzung** Grundschulkinder anspricht, dann wäre es möglich, die Bearbeitung inhaltlich in dreifacher Hinsicht zu akzentuieren, und zwar mit Hilfe einer

- zeitlichen Eingrenzung (z.B. Entwicklung seit Einführung des Privatfernsehens, des Kabelfernsehens etc.),
- thematischen Eingrenzung (z.B. unter besonderer Berücksichtigung von Computerspielen),
- Begrenzung der Quellen (z.B. Einengung auf Printmedien, keine Bezugnahme auf Fernsehdokumentationen).

Solche Eingrenzungen sollten Sie aber nur in enger Absprache mit der/dem betreuenden Lehrenden vornehmen, weil die Gefahr besteht, dass Sie Aspekte des Themas vernachlässigen, die dem Themensteller möglicherweise als unverzichtbar erscheinen. Wenn aber Konsens besteht, dann sollten Sie in der Einleitung Ihre Entscheidung vorstellen. Wichtig erscheint es, dass Sie die Argumente, die Sie zu diesen Einschränkungen bewogen haben, darlegen und kommentieren.

Für den Umfang der Einleitung lässt sich kein verbindliches Maß festlegen. Plausibel erscheint es aber, dass bei einer Examensarbeit mit 60–80 Seiten Gesamtumfang die Einleitung zwei bis vier Seiten nicht überschreiten sollte. Spätestens, wenn Ihre Einleitung die fünfte Seite überschritten hat, sollten Sie ernsthaft darüber nachdenken, ob die Inhalte, die Sie da so wortreich beschreiben, nicht doch besser in den einzelnen Kapiteln aufgehoben wären.

Formal gesehen ist die Einleitung – anders als ein Vorwort, das außerhalb der Gliederung steht – der erste Teil Ihrer Arbeit. Sie erhält die Kapitelnummer 1. Ein Kapitel 0 gibt es zumindest beim Arbeiten mit der Dezimalgliederung nicht.

Tabelle 11: Einleitung	
Aufgabe	**Erläuterung**
Die grundlegende Problematik benennen.	Was ist problematisch am Schuleintritt? Warum lohnt es sich, sich mit diesem Thema zu beschäftigen?
Die grundlegenden Begriffe ansprechen.	Hinweis darauf, dass Sie in Ihrer Arbeit zwischen »Schulreife« und »Schulfähigkeit« unterscheiden wollen (noch nicht die begriffliche Entfaltung oder Definition).
Die historische Entwicklung der Fragestellung im Überblick skizzieren.	Was war der Auslöser für die Beschäftigung mit den Anforderungen des Schulanfangs? Wann hatte die Diskussion ihren Höhepunkt? Wann ist die Diskussion abgeflacht? Weshalb ist sie in der jüngsten Zeit wieder aufgeflammt?
Den aktuellen Diskussionsstand und/oder Forschungsstand aufgreifen.	Welche Formen der Flexibilisierung kennzeichnen den Schulanfang heute? Welche Forschungsfragen ergeben sich im Zusammenhang mit der neuen Eingangsstufe?
Eingrenzungen vornehmen (optional)	Gibt es eine zeitliche, inhaltliche oder formale Begrenzung für die inhaltliche Auseinandersetzung?
Kapitelübersicht geben (optional)	Stellenwert und Zielrichtung der Kapitel im Aufbau dieser Arbeit darlegen.

5.5 Textteil

Obwohl Ihre Themenstellung spezifisch und Ihr Arbeitsstil individuell sind, können Ihnen die nachfolgenden Punkte eine Orientierung für die Erarbeitung Ihres Textes geben. Übernehmen Sie diese Anregungen aber nicht unkritisch. Prüfen Sie vielmehr, ob und in welchem Umfang einzelne Punkte für *Ihre* Arbeit zutreffen und sinnvoll sind. Wenn Sie bemerken, dass bestimmte Punkte in Ihren Überlegungen nicht vorkommen, klären Sie für sich selbst ab, warum Sie darauf verzichten können oder was an ihre Stelle tritt. Nehmen Sie die nachfolgenden Punkte also als Anregung, nicht als »Gebrauchsanweisung«.

5.5.1 Grundbegriffe und Problemperspektiven

Ihre Themensteller haben eine bestimmte Interpretation des Titels und verbinden diese mit bestimmten Erwartungen. Halten Sie daher einleitend in einigen Sätzen fest, wie Sie den Titel verstehen, welche Implikationen er hat, wie weit Sie ihn interpretieren oder an welchen Stellen Sie ihn eingrenzen wollen.

Stellen Sie die Entwicklung des Arbeitsfeldes, über das Sie schreiben werden, und den gegenwärtigen Erkenntnis- oder Diskussionsstand kurz dar. Entfalten Sie, welche Grundbegriffe Sie für Ihre Arbeit benutzen. Rechnen Sie dabei mit folgender Schwierigkeit: Je allgemeiner ein Begriff ist, umso sicherer können Sie davon ausgehen, dass es unterschiedliche Begriffsbestimmungen gibt. Am Begriff Didaktik kann man dies leicht verdeutlichen. Je nach Autor werden Sie deutlich abweichende inhaltliche Bestimmungen des Begriffs Didaktik in der Literatur finden, z.B. Didaktik als **Grundbegriffe**

- Theorie der Bildungsinhalte,
- Theorie des Unterrichts,
- Theorie des Lehrens und Lernens.

Wenn unterschiedliche Definitionen, Fakten oder Meinungen zu den Grundbegriffen in Ihrem Arbeitsfeld vorliegen, dann weisen Sie auf Differenzen und Widersprüche hin, und machen Sie deutlich, welcher Definition Sie sich (mit der nötigen Distanz) anschließen oder präzisieren Sie die Begriffe für Ihre Arbeit. Eigenständige Definitionen sind in diesem Rahmen auch möglich. Dies sollte allerdings nur in Ausnahmefällen erforderlich sein.

Stellen Sie dar, auf welche Theorieposition sich Ihre Problemsicht stützt. Erläutern Sie, welche Probleme in Theorie und Praxis im Zusammenhang mit Ihrem Thema auftreten. Spüren Sie der Verursachung von

Problemen und deren Folgen nach. Wenn Ihre Themenstellung eine Einschränkung oder Spezifizierung enthält, z.B. weil Sie die Fragestellung auf eine bestimmte Schulform, Altersgruppe oder Region beziehen wollen (oder sollen), dann gehen Sie auf die Problematik dieser speziellen Beschränkung ein: Warum ist es sinnvoll oder erforderlich, sich mit der Fragestellung gerade unter dieser spezifischen Perspektive zu befassen?

Quellen und Methoden

Machen Sie Aussagen zur Quellenlage in Ihrem Arbeitsgebiet und stellen Sie in Verbindung damit Überlegungen zum methodischen Vorgehen an: Erläutern Sie, mit welchen Verfahren Sie Ihren Gegenstandsbereich und Ihre spezifische Fragestellung bearbeiten wollen. Reflektieren Sie dabei auch die Tauglichkeit und Grenzen dieser methodischen Vorgehensweise für dieses Problem.

5.5.2 Argumentation

Entfalten Sie Ihre Argumentation entsprechend Ihrer vorläufigen Gliederung. Versuchen Sie, für sich selbst eine zentrale Frage oder These für jedes einzelne Kapitel zu entwerfen. Behalten Sie dabei aber Ihre Mindmap im Auge. (Da Ihre Mindmap nicht linear aufgebaut ist, ist ihr Gedankenspektrum größer und weiter als das der linearen Gliederung.) Machen Sie zumindest für sich selbst – besser aber auch für Ihre Gutachterinnen/Gutachter – klar, welchen Stellenwert das einzelne Kapitel für die Arbeit insgesamt hat.

Wissenschaftliches Arbeiten zeichnet sich durch die diskursive Auseinandersetzung mit Begriffen und Argumenten aus. Es baut auf vorhandenem Wissen auf, muss aber über einen rein deskriptiven Zugang hinausgehen und eine Diskussion, Erörterung und Bewertung von Begriffen und Argumentationssträngen vornehmen. Da dieser Anspruch auch für Ihre Arbeit gilt, sollten Sie sich vergegenwärtigen, was mit den Begriffen »erörtern« und »bewerten« gemeint ist. Im Einzelnen geht es darum, vorhandene Auffassungen und Argumente

- zu analysieren,
- zu vergleichen,
- zu unterscheiden,
- zu erläutern,
- zu verdeutlichen,
- aufeinander zu beziehen,
- zu kontrastieren,
- zusammenzufassen,
- zu systematisieren,
- in den Forschungs- und Diskussionsstand einzuordnen.

Ihre eigene Position und Ihre eigene Stellungnahmen sind immer dann von Bedeutung, wenn es darum geht, Argumente und Positionen, Fragestellungen und methodische Vorgehensweisen

- zu kommentieren,
- zu interpretieren,
- mit Beispielen zu belegen,
- zu begründen,
- einzuschätzen,
- zu bewerten,
- zu kritisieren,
- in den eigenen Gedankengang einzuordnen.

Beschreiben Sie, was Sie in der Literatur vorfinden, analysieren Sie die Aussagen und strukturieren Sie den Gegenstandsbereich auf der Grundlage von Aussagen mehrerer Autoren neu. Bewerten Sie dabei die einzelnen Positionen. Ziehen Sie unterstützende Aussagen von anderen Autoren für Ihre eigenen Thesen heran, machen Sie aber auch deutlich, inwiefern Sie von anderen Autoren abweichen, welche Widersprüche Sie zwischen sich und anderen Autoren (oder zwischen anderen Autoren untereinander) sehen.

Die Stringenz Ihrer Gedankenführung und der Grad der geistigen Verarbeitung stellen wesentliche »globale Merkmale« für die spätere Bewertung Ihrer Arbeit dar:

- Achten Sie daher darauf, dass Ihre Argumentation logisch aufgebaut ist und die einzelnen Aussagen widerspruchsfrei zueinander stehen.
- Schweifen Sie nicht ab: Fragen Sie sich immer »Was hat dies mit meiner Fragestellung/Arbeitshypothese zu tun?«
- Verdeutlichen Sie Ihre Argumente mit Hilfe von Beispielen und Belegen.

Ihre Argumentation wird in den meisten Fällen zu einem Ergebnis kommen, das mit dem bisherigen Wissensstand

- übereinstimmt,
- ihn graduell ausbaut oder
- infrage stellt.

Fassen Sie die Ergebnisse distanziert zusammen und bewerten Sie die Bedeutung einzelner Positionen für das Ergebnis. Versuchen Sie dabei, die theoretische und/oder praktische Bedeutung Ihrer Aussagen einzuordnen und zu gewichten. Machen Sie aber auch deutlich, was (aufgrund welcher Begrenzungen) unsicher ist und welche Fragen offen bleiben müssen.

5.5.3 Beispiele, Kommentare und Kritik

Halten Sie immer das Ziel der Abschlussarbeit (Examensarbeit, Bachelor- oder Masterarbeit) im Auge: Ihre Arbeit soll zeigen, dass Sie sich mit der Themenstellung ausführlich beschäftigt haben, dass Sie die Literatur zu diesem Thema überblicken, dass Sie mit wissenschaftlichen Arbeitsweisen vertraut und zu selbstständigem Urteil fähig sind. (So steht es mehr oder weniger wörtlich in vielen Prüfungsordnungen – wahrscheinlich also auch in Ihrer.) Die nachfolgenden Beispiele, Kommentare und praktischen Hinweise stammen aus der Praxis und belegen, mit welchen Gefährdungen dieses Leitziels Sie rechnen müssen. Die Beispiele weisen auf Grundprobleme hin, die sich aus dem konkreten Zusammenhang, in dem sie aufgetreten sind, herauslösen lassen. Prüfen Sie, inwieweit die nachfolgenden »Zehn Gebote« auf Ihre Arbeit übertragbar sind.

Ausreichend recherchieren

Regel 1 Wenn sich ein ganzes Kapitel ausschließlich auf eine einzige Quelle stützt, dann ist der Text oft nichts anderes als eine Paraphrasierung des Ursprungstextes. Natürlich kann dies im Einzelfall vorkommen und auch sinnvoll sein, aber der Regelfall darf das nicht werden. Kritisch wird es, wenn Sie über Seiten hinweg jeden Absatz mit dem Hinweis auf dieselbe Quelle beenden. Dann sollten Sie sich fragen, ob nicht auch andere Autoren den Gegenstandsbereich erörtert haben. Beruhigen Sie sich keinesfalls damit, dass es keine anderen Standpunkte oder Perspektiven in der Literatur gibt. »Beunruhigen« Sie sich lieber damit, dass *Sie* nicht mehr zum Thema gefunden haben. Nehmen Sie notfalls Kontakt mit Ihren Betreuern auf! Mit Sicherheit gewinnen Sie einen anderen Blickwinkel und neue Vergleichs- oder Argumentationsmöglichkeiten, wenn Sie weitere Quellen heranziehen.

Quellen richtig wählen

Regel 2 Das biblische Gebot »Du sollst nicht falsch Zeugnis geben« gilt auch für Ihre Arbeit. Achten Sie auch darauf, ob Quelle und Argumentation zueinander passen.

Beispiel
Es macht stutzig, wenn beispielsweise für die Darstellung von 2000 Jahren Erziehungsgeschichte (Aristoteles, Thomas von Aquin, Comenius usw.) ein einziger Aufsatz aus der Zeitschrift »Grundschule«

fünfmal hintereinander zitiert wird. Diese Zeitschrift richtet ihren Fokus auf die theoretische und praktische Erörterung von Unterricht. Bei allen zugestandenen Verdiensten ist die »Grundschule« nicht gerade das »Organ der Geistesgeschichte des Abendlandes«. Es liegt also nahe, dass der Aufsatz eine sehr stark vereinfachte Zusammenfassung darstellt. Suchen Sie die richtigen Quellen!

Stützen Sie wichtige Thesen Ihrer Arbeit nicht auf eine Tageszeitung, eine Illustrierte oder das Fernsehprogramm. Diese Medien wenden sich nicht an ein Fachpublikum, sondern an die allgemeine Öffentlichkeit. Wissenschaftliche Argumentationen werden Sie daher dort kaum finden. Wenn Sie also aktuelle Notizen aus der Tagespresse integrieren, dann nicht, um die Richtigkeit Ihrer These zu erhärten, sondern um zu zeigen, wie das Thema in der Öffentlichkeit diskutiert wird. Mit ähnlicher Vorsicht sollten Sie auch Seiten aus dem Internet immer dann behandeln, wenn es sich nicht um eine Fachveröffentlichung im Electronic Publishing oder um die Veröffentlichungen von Institutionen mit Fachrang, z.B. des Statistischen Bundesamtes, handelt.

Zitate erforderlichenfalls kommentieren

Offensichtlich fragwürdige Aussagen, die Sie zitieren, sollten sie nicht unkommentiert stehen lassen. **Regel 3**

> **Beispiel**
> Wer ein Zitat wie das Folgende unkommentiert in seine Examensarbeit übernimmt, setzt sich dem Verdacht aus, wirklich keine Ahnung zu haben – und das ist eine schlechte Basis für eine Examensarbeit.
> *»In den letzten 200 Jahren ist [beim Lesenlernen] nichts Neues dazugekommen – außer dass die Fibeln bunt geworden sind.«*

Argumente ordnen und gewichten

Die Auseinandersetzung mit unterschiedlichen Theorie- oder Modellvorstellungen sollte in Ihrer Examensarbeit über die additive Auflistung hinausreichen. Dafür ist es nötig, dass die Unterschiede nicht nur vorgestellt, sondern auch interpretiert, verglichen und im Sinne der Verwertbarkeit innerhalb der Examensarbeit diskutiert werden. Eine willkürliche Aneinanderreihung von widersprüchlichen oder aus unterschiedlichen terminologischen Zusammenhängen entlehnten Statements reicht für eine Examensarbeit nicht aus. **Regel 4**

Beispiel

Wenn Sie Merkmale aus unterschiedlichen Texten in eine gemeinsame Liste zusammenfassen, dann müssen Sie zum einen belegen, welches Statement aus welcher Quelle stammt. Zum anderen ist es Ihre Aufgabe, diese Liste (ggf. nach eigenen Gesichtspunkten) zu ordnen, die einzelnen Positionen zu gewichten und/oder zu kommentieren.

Aktualität berücksichtigen

Regel 5   Wenn Sie ein aktuelles Thema bearbeiten, müssen Sie das Erscheinungsjahr Ihrer Quellen berücksichtigen und prüfen, ob eine bestimmte Argumentation heute noch berechtigt ist.

Beispiele
– Wenn Sie sich mit aktuellen Lernmaterialien auseinander setzen, dann nützt es wenig, ausschließlich Schulbuchkritiker aus den 70er- oder 80er-Jahren zu zitieren. Diese haben damals zu Recht die Unterschiedlichkeit der Rollendarstellungen von Mädchen und Jungen in Schulbüchern dokumentiert und Geschlechtsstereotypien kritisiert. Ob aber das, was sie damals geschrieben haben, für Schulbücher heute noch gilt, müssen Sie in Ihrer Arbeit erörtern. Die unkommentierte Übernahme eines Arguments, das zwanzig oder dreißig Jahre alt ist, ist für ein Thema, das Sie unter aktuellem Bezug bearbeiten, in jedem Fall ein Armutszeugnis.
– Eine Arbeit zur Bedeutung des TV-Konsums für Grundschulkinder lässt sich nicht mit Literatur bestreiten, die zehn, fünfzehn oder zwanzig Jahre alt ist. Wenn Sie keine aktuellen empirischen Grundlagen über den Fernsehkonsum von Kindern haben, sondern nur Untersuchungen aus den 80er-Jahren, dann sollten bei Ihnen alle Alarmglocken schrillen: Hat sich seither wirklich nichts geändert?

Tabellen informativ gestalten

Regel 6   Tabellen stellen einen Sachverhalt oft sehr komprimiert dar. Daher ist es unumgänglich, das Thema, den Zweck und die Hauptergebnisse von Tabellen im laufenden Text noch einmal aufzugreifen. Dabei geht es nicht darum, die einzelnen Werte der Tabelle im Detail zu referieren (dann wäre die Tabelle überflüssig). Vielmehr sollte deutlich werden, welche Fragestellung mit welchem Ergebnis tabellarisch beantwortet wird.

Beispiele

- Wenn es sich in einer Tabelle um die Gegenüberstellung von »Rauchern und Nichtrauchern« im Kindes- und Jugendalter handelt, dann müssen Sie im Text erklären, auf welche Altersgruppe(n) sich die Werte beziehen, ob das Geschlecht berücksichtigt wurde, was unter »Raucher« zu verstehen ist (Nikotinerfahrung oder täglicher Konsum von x Zigaretten?).
- Wenn Sie in einer Tabelle für Medikamentennutzung die Begriffe »gelegentlich« und »regelmäßig« gegenüberstellen, dann muss aus dem Text zweifelsfrei hervorgehen, was Sie (oder die Quelle, aus der Sie zitieren) mit »gelegentlich« meinen. Anderenfalls wären unter der Rubrik »gelegentlich« rund hundert Prozent zu erwarten. Denn: Gelegentliche Medikamentennutzer sind wir alle.

Tabellen sollen einen Namen oder eine Beschriftung haben, aus der zweifelsfrei ersichtlich wird, worum es geht. Sofern es sich bei der Tabelle um die Darstellung quantitativer Werte handelt, ist es unerlässlich, Art und Größe der Stichproben ausführlich zu beschreiben. Eine Angabe in Prozenten sagt wenig aus, wenn die Basis nicht bekannt ist. Prozentzahlen aus einer Quelle, die hierüber keine Angaben macht, sollten Sie nicht übernehmen, oder Sie sollten zumindest mit diesen Werten kritisch umgehen: Es kann gut sein, dass sich hinter der Angabe von 75 Prozent nicht mehr als sechs Kinder aus einer Stichprobe von acht Kindern verbergen.

Geben Sie keine Tipps

Schreiben Sie nie im Stil von Ratgeberliteratur: Es ist nicht Sinn der Arbeit, Ihren Gutachterinnen und Gutachtern praktische Tipps zu geben.

Regel 7

Beispiele
Falls Sie den Eindruck haben, dass bestimmte Punkte (z.B. das szenische Spiel oder Fragen der Differenzierung) im Rahmen Ihrer Arbeit von Bedeutung sind, dann sollten *Sie* sich damit auseinander setzen und deutlich machen, welcher Ertrag sich für die Bearbeitung Ihres Themas daraus ergibt.

»Wer das Problem in seiner Klasse mit Hilfe des szenischen Spiels lösen will, der sei hiermit auf das Werk von XY verwiesen.«

»Möglichkeiten der Differenzierung des Unterrichts sind bei XY nachzulesen.«

Political Correctness

Regel 8 Wie sollen Sie es mit der Geschlechtsneutralität von Bezeichnungen im Text halten? »SchülerInnen«, »Schüler/innen«, »Schülerinnen und Schüler«, »Schülerinnen (generell: weibliche Form als Oberbegriff) oder »Schüler« (generell: männliche Form als Oberbegriff)?

Diese Frage müssen Sie zuallererst für sich selbst beantworten. Gegebenenfalls sollten Sie Ihre Entscheidung/Meinung/Haltung in einer kurzen Anmerkung darlegen. Es ist aber keinesfalls erforderlich, dafür extra ein Vorwort zu schreiben. Manche Studierende sind unsicher, ob sich die Verwendung oder Nichtverwendung der einen oder der anderen Form auf die Stimmung der bewertenden Lehrenden niederschlägt. Zunächst: Für die Bewertung Ihrer Arbeit sollten sich aus dem gesamten Komplex eigentlich keine Probleme ergeben. Ich betone aber das Wort eigentlich: Für einzelne Personen ist das großgeschriebene »Innen« mitten im Wort Ausdruck eines gewandelten Verständnisses und damit ein »must«, während andere es für eine platte Anpassung oder für eine Respektlosigkeit gegenüber Frauen, Männern und der deutschen Schriftsprache halten.

Unschön ist es meiner Meinung nach, wenn an einer Stelle »Lehrerinnen«, an einer anderen »LehrerInnen« steht, obwohl inhaltlich jedes Mal »Lehrerinnen und Lehrer« gemeint waren. Falls Sie selbst eine feste Meinung haben, begründen Sie diese kurz und stehen Sie dazu. Sollten Sie dennoch unsicher sein, empfiehlt es sich, die Frage mit den betreuenden Lehrenden zu erörtern.

Ungrammatikalische Konstruktionen wie »ErstsemesterInnen«, »MitgliederInnen« oder Schreibweisen wie »JedeR StudentIn«, mit denen vor rund einem Jahrzehnt noch gern und ausgiebig experimentiert wurde, haben sich als Modeerscheinung erwiesen und sind inzwischen weitgehend überwunden.

Beispiele
- »*Das Kind hat die Auswahl, womit er/sie spielen möchte.*«
- »*Bei der Freiarbeit kann man/frau/mensch am besten beobachten, wie Kinder ohne Anleitung ...*«

Political correctness ohne schriftsprachliche Korrektheit ist offensichtlich keine befriedigende Lösung für eine wissenschaftliche Arbeit.

Abbildungen sinnvoll einsetzen

Regel 9 Cartoons oder andere Illustrationen sollten Sie nur dann einbeziehen, wenn Sie sich inhaltlich damit auseinander setzen wollen. In solchen Fällen ist ein Cartoon keine Beigabe zur Unterhaltung oder zur Seitenge-staltung, sondern ein Beleg dafür, dass das Thema an unterschiedlichen Punkten der Gesellschaft aufbricht.

Beispiel

Fragen der Leistungsmessung, der Hausaufgabenproblematik oder der Schullaufbahnentscheidung betreffen nicht nur die Pädagogik. Sie wirken vielmehr in viele Familien hi-  nein und können deren Alltag in einem erheblichen Maße bestimmen. Wenn Sie sich in Ihrer Arbeit damit auseinander setzen und deutlich machen, welche Be-deutung das Thema in der Gesellschaft hat oder hatte, dann kann die Einbe-ziehung eines Cartoons[12] als Bildzitat durchaus sinnvoll sein. Als unkommen-tierte, unreflektierte Beigabe haben solche Bildelemente in einer wis-senschaftlichen Arbeit aber eindeutig nichts zu suchen.

»Errare humanum est«

Ein letztes Wort: Wer einen längeren Text schreibt, der weiß, dass sich Fehler einschleichen. Wahrscheinlich sind Sie – wie viele andere Textpro-duzenten – blind gegenüber eigenen Fehlern. Das liegt wahrscheinlich daran, dass Sie Ihren Text vor allem inhaltlich betrachten und beim Lesen vorrangig die Plausibilität der Argumentation und die Flüssigkeit der Formulierungen überprüfen. Lassen Sie Ihre Arbeit daher auf alle Fälle von einer weiteren Person gegenlesen und entwickeln Sie zusätzlich ein gewisses Misstrauen gegen Ihr Gedächtnis: Sie wissen, wie man Montes-sori, Pestalozzi, Legasthenie oder Rhythmus schreibt? Sicher? Schlagen Sie trotzdem noch einmal nach! Es bereitet Ihren betreuenden Lehren-den nur begrenzt Freude, wenn sie in der Endfassung »Legastenie« oder »Montessouri« oder »Pestallozi« finden.

    Unter dem Punkt »Errare humanum est« muss schließlich auch das Problem der Datensicherung angesprochen werden – denn irrtümlich verworfen, gelöscht oder formatiert haben Sie sicherlich schon mal. (Sollte das nicht der Fall sein, dann ist es nur eine Frage der Zeit, bis Sie eine entsprechende Erfahrung machen – schlecht, wenn es ausgerechnet im Rahmen Ihrer Arbeit geschieht.)

Regel 10

---

12 Das Bildzitat wurde entnommen aus: Marcks, Marie: Krümm dich beizeiten! Heidelberg: Quelle und Meyer 1977, S. 35. © Marie Marcks.

Sie schreiben mit dem Computer und vertrauen Ihre gesamte Arbeit dem der magnetischen Ladung winziger Speicherzellen an. Zwar sind die Computersysteme heute insgesamt relativ betriebssicher, aber – was heißt schon »relativ«, wenn die Arbeit von Wochen oder Monaten damit verbunden ist. Also, sorgen Sie vor! Fertigen Sie regelmäßig zusätzliche *externe* Sicherungskopien auf einer Diskette oder einem Memory-Stick an – und nehmen Sie diese lieber aus der Tasche, bevor Sie Ihren Jogging-anzug in die Waschmaschine werfen. Wenn Sie einen CD-Brenner haben, sollten Sie eine tägliche Sicherungskopie (jeweils mit aktuellem Datum) auf CD brennen.

> **Praxis**
> Stellen Sie das Zeitintervall für die automatische Sicherung Ihres Textverarbeitungssystems auf einen niedrigen Wert ein, z.B. auf zwei Minuten. Dies hält bei Systemausfällen den Verlust in Grenzen, z.B. falls der Computer sich zwischendurch einmal »aufhängt«.
> – Word: Menü *Extras – Optionen – Speichern*
> – StarOffice: Menü *Extras – Optionen – Laden/Speichern – Allgemein.*

5.6 Zusammenfassung/Schluss

Die abschließende Zusammenfassung enthält keine neuen Informationen. Ihre Aufgabe ist es vielmehr, den erreichten Stand zu dokumentieren. Dabei sind zwei Formen zu betrachten:

- Zusammenfassungen innerhalb der Arbeit,
- zusammenfassende Schlussbetrachtung am Ende der Arbeit.

Kapitalzusam-
menfassung Häufig erscheint es sinnvoll, jeweils am Ende eines Kapitels eine kurze Zusammenfassung einzubringen. Sie dient dem Leser als immanente Wiederholung und hilft ihm, Ihrem Gedankengang zu folgen. Zugleich machen Sie den »Entwicklungsstand« Ihrer Argumentation auch für sich selbst transparent. Allerdings sollten sich Kurzzusammenfassungen dieser Art nur auf die oberste Gliederungsebene (Hauptkapitel) beziehen. Fassen Sie knapp die Fragestellung(en) des Kapitels zusammen und legen Sie dar, mit welchen Theorien, Modellen, Konzepten, Literaturschwerpunkten oder Erhebungen Sie sich beschäftigt haben. Wenn Sie dann noch umreißen, welche Widersprüche deutlich wurden oder zu welchen Ergebnissen Sie gekommen sind, dann hat das Ganze Hand und Fuß, ohne dass die Zusammenfassung auswuchert. Eine halbe bis dreiviertel Seite muss dafür ausreichen.

Es versteht sich nachgerade von selbst, dass eine längere Arbeit am Ende einer Zusammenfassung bedarf. Anders als die Zwischenzusammenfassungen, die Sie als Option verstehen sollten, ist die Schlusszusammenfassung ein »Muss«. Hier können Sie Ihre Argumentation noch einmal Revue passieren lassen und die Ergebnisse zusammenfassend diskutieren. Mit anderen Worten: Der Ertrag Ihrer Arbeit steht im Mittelpunkt.

Gesamtzusammenfassung

- Sichten Sie Ihre Arbeit abschließend vor dem Hintergrund der fachlichen Diskussion. Prüfen Sie noch einmal, welchen Fragen Sie nachgehen wollten oder welche Fragen Sie zusätzlich aufgeworfen haben, und ziehen Sie ein Fazit. Wenn Sie ein Ziel für Ihre Arbeit festgelegt haben, dann prüfen Sie, ob Sie das Ziel erreicht haben.
- Akzeptieren Sie, dass andere Autoren zu anderen Ergebnissen oder zu anderen Schlüssen gekommen sind (oder kommen könnten), und reflektieren Sie mögliche Gründe dafür.
- Wahren Sie insgesamt die notwendige intellektuelle und emotionale Distanz: Ihre Argumentation ist im Regelfall eine Momentaufnahme, die unter bestimmten sozialen und gesellschaftlichen Rahmenbedingungen zustande gekommen ist. Bei empirischen Elementen lassen Ihre Stichproben meist keine Schlüsse zu, die über die befragte oder beobachtete Gruppe hinausgehen.

Eine solche Sichtweise hilft Ihnen auch, die Lücken Ihrer Argumentation zu orten und Desiderate künftiger Forschungen oder des künftigen Diskurses zu benennen. Aber bitte auch hier mit Augenmaß: Nehmen Sie nicht das Große und Ganze in Ihre Perspektive auf, sondern beschränken Sie sich auf wenige konkrete Anregungen, die Ihren engeren Themenbereich betreffen.

Tabelle 12: Zusammenfassung	
Aufgabe	**Erläuterung**
Kapitelzusammenfassung (optional)	Stellung des Kapitels verdeutlichen Argumentation verdichten Teilergebnisse festhalten
Gesamtzusammenfassung/Resümee	Vergleich von Thema, Fragestellung und Ergebnis Einordnung der Ergebnisse in die fachliche Diskussion Darlegung offener Fragen

5.7 Anhang

Ergänzende Materialien, Fragebogen, Fotos, Grundrisse von Klassenräumen oder Pausenhöfen, Kopien von Schulbuchseiten, Schülertexte, Anschreiben an Behörden, Autoren oder Eltern und andere ergänzende Materialien können der Arbeit als Anlage beigefügt werden. Aufgabe des Anhangs ist es, die eigentliche Arbeit zu entlasten, um sie flüssiger und lesbarer zu machen. Insofern muss der Inhalt des Anhangs in einem zwingenden Zusammenhang mit dem Inhalt der Arbeit stehen. Häufig enthält der Anhang auch dokumentarisches Material (z.B. Rohwerttabellen), die es dem Leser erlauben, bestimmte Schritte der Verarbeitung besser nachzuvollziehen und nachzuprüfen. Wenn Sie wichtige Dokumente aus dem Internet in die Arbeit einbinden, dann sollte ein Ausdruck davon als Anhang beigefügt werden. Der Grund ist einfach: Sie wissen nie, ob der Inhalt für die Begutachtung Ihrer Arbeit noch zur Verfügung steht.

Der Anhang wird der eigentlichen Arbeit »angehängt«. Er steht also nach dem Literaturverzeichnis, aber vor der rechtlichen Erklärung. Sollte der Anhang sehr umfangreich sein (was im Einzelfall durchaus möglich ist), ist es zweckmäßig, den Anhang der Arbeit als gesonderten Band beizufügen. Wie die Arbeit selbst muss der separate Anhang aber in der vom Prüfungsamt geforderten Anzahl vorgelegt werden. Dies ist selbstverständlich auch bei anderen Anlagen, die Sie Ihrer Arbeit beifügen, erforderlich, z.B. Videokassetten oder Computerprogramme. Grundsätzlich gilt: Alles, was Sie dem Prüfungsamt als Teil Ihrer Arbeit vorlegen, muss in der entsprechenden Ausfertigungszahl abgegeben werden.

5.8 Rechtliche Erklärungen

Bei Examens-, Bachelor-, Masterarbeiten etc. muss am Ende eine Erklärung über die Selbstständigkeit der Arbeit angefügt werden.

Muster

Tabelle 13: Anhang und rechtliche Erklärung(en)	
Aufgabe	**Erläuterung**
Anhang (optional)	Dokumentarisches Material zur Verfügung stellen Textfluss verbessern
Rechtliche Erklärung	Selbstständigkeitserklärung, Erklärung zu den benutzten Hilfsmitteln
Einverständniserklärung (optional)	Einverständniserklärung für die spätere Einsichtnahme in Ihre Arbeit

6. Zitate, Verweise und Belege

Zu den wichtigsten Merkmalen wissenschaftlicher Aussagen gehören die Nachprüfbarkeit der Methode und die Offenlegung der Quellen (Niederhauser 2000, S. 24). Da die Methode Ihrer Arbeit über weite Strecken hinweg in der Darstellung, Analyse und Bewertung vorhandenen Wissens liegt, stellen Verweise und Belege unbestreitbar das Rückgrat der meisten wissenschaftlichen Abschlussarbeiten dar. Daher ist es erforderlich, diesem Bereich besondere Aufmerksamkeit zu widmen. Verweise und Belege beziehen sich auf direkte und auf indirekte Zitate.

6.1 Zitate (direkte Zitate)

Alle Textstellen, die Sie wörtlich aus anderen Werken übernehmen, müssen belegt werden. Anfang und Ende der direkten Zitate sind durch Anführungszeichen zu kennzeichnen[13] und mit einem Verweis auf die Quelle zu versehen. Grundsätzlich ist zu beachten:

- Beim Zitieren gilt Genauigkeit: Die Forderung, dass Zitate originalgetreu zu übernehmen sind, ist die Richtschnur für das Zitieren. **Genauigkeit**
- Zitate müssen innerhalb des Textes eine Funktion haben: Sie belegen den Diskussionsstand, stützen Ihre Argumentation oder weisen auf widersprüchliche Auffassungen hin. Zitate haben den Zweck, Ihre Argumentation zu belegen und zu stützen. Das Zitieren um des Zitierens willen – um zu zeigen, was man alles gelesen hat – sollte unterbleiben. **Funktion**

Genauigkeit ist die oberste Anforderung beim Zitieren. Aber was heißt »genau«? Dürfen Sie etwas auslassen? Dürfen Sie Umstellungen vornehmen? Und wie sieht es aus, wenn Sie das Zitat nicht aus der Quelle, sondern aus einem anderen Buch übernehmen?

---

13 Wenn Zitate sehr umfangreich sind (mehr als 40 Wörter), werden sie im Allgemeinen als Zitatblock eingerückt. Bei Zitatblöcken können die Anführungszeichen nach Ansicht vieler Autoren entfallen (s. Beispiel S. 102).

Originalsprache

- Grundsätzlich gilt, dass Zitate immer aus der Quelle übernommen werden müssen: Wenn die Quelle, aus der Sie zitieren, ein fremdsprachiges Buch ist, muss das Zitat in der Ursprungssprache aufgeführt werden. Aber es ist natürlich leserfreundlich, wenn Sie eine Übersetzung ergänzend oder als Fußnote hinzufügen. (Nicht jeder kann isländische Fibelseiten selbst übersetzen.) Wenn das Werk allerdings ein Standardwerk ist und die Übersetzung bereits in der x. Auflage auf dem Markt ist, dann relativiert sich der Ruf nach der Ursprungsausgabe. Nehmen Sie das Original, wenn es Ihnen zugänglich ist, oder lesen und zitieren Sie aus einer Standardübersetzung.

Änderungen

- Zitate müssen dem Original entsprechen. Sofern Sie Änderungen vornehmen (s.u.), müssen diese gekennzeichnet werden, damit sie für den Leser sichtbar werden. Zwei Ausnahmen hiervon sind erlaubt (Änderung ohne weitere Kennzeichnung):
  - Wenn der Verlauf des Zitates in Ihrem Text dies erforderlich macht, dann dürfen Sie den Anfangsbuchstaben von Groß- zu Kleinbuchstaben oder umgekehrt ändern.
  - Ebenso ist es erlaubt, »das abschließende Satzzeichen des Zitates zu ändern, um es der Syntax des Satzes, in dem es steht, anzupassen« (Deutsche Gesellschaft für Psychologie 1997, S. 68).

Zitat im Zitat

- Behandeln Sie »Zitate in Zitaten« korrekt: Es wird vorkommen, dass der Text, den Sie zitieren wollen, bereits selbst ein Zitat, ein Teilzitat oder einen Textteil in Redezeichen enthält. Kennzeichnen Sie diese Passage im Zitat durch halbe Redezeichen.

  Beispiele
  Unter Bezugnahme auf Heckhausen schreiben die Autoren: »Er versteht unter Motivation ein ›hypothetisches Konstrukt, mit dem die Richtung, die Dauer und die Intensität‹ von Verhalten erklärt wird« (Moschner/Schiefele 2000, S. 177).
  »In ihrer Schrift ›Die vier Stufen der Erziehung‹ (1938) entfaltet sie [Maria Montessori; W. T.] den Gedanken, dass die Lehrkraft die Kinder beobachten muss, um so zu lernen, wie sie zu erziehen sind« (Kiper/Mischke 2004, S. 22).
  Zur rechtlichen Situation heißt es: »Auf der Grundlage der 1997 von der Kultusministerkonferenz beschlossenen ›Empfehlung zum Schulanfang‹ hat es in vielen Ländern der Bundesrepublik Deutschland Schulgesetzänderungen bezüglich der Einschulung gegeben« (Hinz/Sommerfeld 2004, S. 165).

- Übertragen Sie jedes Zitat so, wie Sie es vorfinden: Nehmen Sie *keine* Korrekturen nach der heute gültigen Orthografie oder Interpunktion vor, wenn Sie aus einem historischen Werk zitieren.

● Machen Sie beim Zitieren keine Experimente: Wenn Sie Zitate oder Teile von Zitaten in Ihren eigenen Text einbinden wollen und sich dabei Probleme beim Satzbau ergeben, dann versteht es sich von selbst, dass Sie *Ihre* Formulierung oder Ihren Satzbau verändern müssen. Bildlich gesprochen: Verbiegen Sie niemals das, was Sie zitieren.

Praxis

Beachten Sie, dass die Autokorrektur der Textverarbeitung (Word) wahrscheinlich die Schreibweise mancher Wörter (ungefragt) in die geltende Rechtschreibung konvertiert, z.B. wird die Eingabe »daß« in »dass« korrigiert. Da viele Bücher, die Sie zitieren, aber noch in der »alten« Rechtschreibung gedruckt wurden und Sie Texte so übernehmen müssen, wie Sie sie vorfinden, ist eine Korrektur der Autokorrektur erforderlich.

Autokorrektur

① Sie können die Autokorrektur »von Hand« zurücknehmen. Dafür drücken Sie direkt nach der automatischen Umwandlung die Tasten *Strg+Z* (es erfolgt die Rückwandlung des letzten Schrittes, und das war die Konvertierung). Nun können Sie weiterschreiben.

② Sie können aber auch die alte Schreibweise, also z.B. »daß«, zusätzlich ins Wörterbuch eintragen lassen. Gehen Sie wie bei ① vor. Klicken Sie dann das rot unterkringelte Wort »daß« mit der rechten Maustaste an und wählen Sie die Option *Hinzufügen zum Wörterbuch*. (Das ist auf Dauer die bessere Lösung.) Künftig bleibt das Wort »daß« unkorrigiert, weil das Wörterbuch jetzt beide Versionen »kennt«. Wählen Sie dasselbe Verfahren bei anderen Wörtern, z.B. »muß«, deren alte Schreibweise Sie für Zitate erhalten möchten.

6.1.1 Auslassungen

Manchmal ist der Ausgangstext für den Gedankengang Ihrer Arbeit zu detailliert, sodass bei einer vollständigen Übernahme vielleicht nicht mehr erkennbar wäre, was das Zitat im Rahmen Ihrer Argumentation eigentlich leisten soll. Dann können Sie ein Zitat auch kürzen.

Aber Achtung: Zitatverkürzungen (Auslassungen, Ellipsen) sind grundsätzlich nur zulässig, wenn sie den Sinn des Zitates nicht verändern. Solche Auslassungen müssen in jedem Falle gekennzeichnet werden. Als Auslassungszeichen werden drei Punkte »...« verwendet:

Ellipsen

Originaltext

»Bei der Sichtung diverser Quellen fällt auf, dass aufgrund der Literaturlage ohne jede Einschränkung von schulpraktischen und unterrichtsorganisatorischen Vorteilen der Methode A vor der Methode B ausgegangen werden kann, was anhand einer Vielzahl von Zitaten belegt werden könnte.«

Nachfolgend sollen unterschiedliche Formen der Einbindung von Teilen dieses Ausgangstextes aufgezeigt werden.

Auslassung am Anfang

Der Autor vertritt die Auffassung, »... dass aufgrund der Literaturlage ohne jede Einschränkung von schulpraktischen und unterrichtsorganisatorischen Vorteilen der Methode A vor der Methode B ausgegangen werden kann, was anhand einer Vielzahl von Zitaten belegt werden könnte«.

Auslassung im Satzinneren

Über die Verbreitung dieser Ansicht in der Literatur schreibt der Autor: »Bei der Sichtung diverser Quellen fällt auf, dass ... von schulpraktischen und unterrichtsorganisatorischen Vorteilen der Methode A vor der Methode B ausgegangen werden kann, was anhand einer Vielzahl von Zitaten belegt werden könnte.«

Auslassung am Satzende

Unter Verweis auf seine Recherchen schreibt der Autor: »Bei der Sichtung diverser Quellen fällt auf, dass aufgrund der Literaturlage ohne jede Einschränkung von schulpraktischen und unterrichtsorganisatorischen Vorteilen der Methode A vor der Methode B ausgegangen werden kann ...«

Eingebundenes Teilzitat

Hinsichtlich eines Vergleichs der beiden Methoden A und B geht der Autor aufgrund vielfältiger Hinweise in der Literatur »von schulpraktischen und unterrichtsorganisatorischen Vorteilen der Methode A gegenüber der Methode B« aus.

Erlaubte Abweichungen: Kleinschreibung

Kleinschreibung eines im Ursprungszitat großgeschriebenen Wortes ist erlaubt, wenn es vom Satzanfang in das Satzinnere verlagert wird, z.B.:

Der Autor schreibt, dass er »bei Sichtung diverser Quellen« den Eindruck gewonnen habe ...

Erlaubte Abweichungen: Großschreibung

Erlaubt ist die Großschreibung eines im Ursprungszitat kleingeschriebenen Wortes, wenn es vom Satzinneren an den Satzanfang verlagert wird, z.B.:

> »Dass aufgrund der Literaturlage ohne jede Einschränkung von schulpraktischen und unterrichtsorganisatorischen Vorteilen der Methode A vor der Methode B ausgegangen werden kann«, hält der Autor bereits in seiner Einleitung fest.

Auslassungspunkte

Generell gilt, dass Auslassungen (Ellipsen) durch drei Punkte gekennzeichnet werden müssen. Gelegentlich werden Sie die Auslassungspunkte auch in runden oder eckigen Klammern finden. Grundsätzlich können die Klammern aber weggelassen werden, wenn klar erkennbar ist, dass sich die Punkte auf eine Auslassung beziehen und sich nicht etwa schon im zitierten Original befunden haben (Poenicke [2]1989, S. 14). Allerdings kann es vorkommen, dass sich im Originaltext bereits Stellen befinden, an denen der Autor selbst seinen Gedanken nicht zu Ende führt, sondern Assoziationen beim Lesen bewirken will. Sollten sich im Zitat also schon Auslassungspunkte befinden, die dort ein stilistisches Mittel bilden, dann sollten Sie Ihre neu eingefügten Auslassungspunkte in jedem Falle in eckige Klammern einkleiden, z.B.:

> Aus einem Lehrertagebuch: »Die erste Stunde ist immer sehr ruhig ... man schläft sich aus ... man döst ... [...] man streitet wenig.«

6.1.2 Einfügungen

Es kann vorkommen, dass Sie den Text erweitern möchten – sei es, um das Zitat lesbarer oder verständlicher zu machen, sei es, weil Sie auf etwas Bestimmtes hinweisen wollen. Dies ist erlaubt, wenn Ihre Einfügung (Interpolation) als solche erkennbar ist und der Inhalt der Aussage nicht verändert wird. Setzen Sie daher Ihre Einfügungen in eckige Klammern und ergänzen Sie die Einfügung durch Ihre Initialen, z.B.:

Interpolationen

> »Und ich gestehe gleich hier [der Satz befindet sich in der Einleitung des Werkes; W. T.], keinen Begriff zu haben von Erziehung *ohne Unterricht*; so wie ich rückwirkend keinen Unterricht anerkenne, der nicht erzieht" (Herbart, Allgemeine Pädagogik 1806, S. 33).

6.1.3 Umstellungen

Trotz der generellen Richtlinie, dass Zitate immer originalgetreu aus einer Quelle zu übernehmen sind, kann es aus grammatikalischen Gründen unvermeidlich sein, ein einzelnes Wort des Zitates umzustellen. Um-

Flexionen stellungen oder Anpassungen (Flexionen) sind grundsätzlich nur zulässig, wenn sichergestellt ist, dass der Sinn des zitierten Satzes durch die Umstellung nicht beeinträchtigt wird. Das umgestellte Wort wird in runde Klammern gesetzt, z.B.:

Originaltext[14]
»Das Exemplarische repräsentiert das Elementare als allgemeine Erkenntnis an einem Beispiel, Exempel oder Exemplar aus dem Besonderen.«
Bearbeitung
Kron ([3]2000, S. 124) verweist darauf, dass für Klafki »das Exemplarische ... das Elementare als allgemeine Erkenntnis an einem Beispiel, Exempel oder Exemplar aus dem Besonderen (repräsentiert)«.

6.1.4 Übernahmen

Zitate sind vom Grundsatz her immer aus der Originalquelle zu entnehmen. Sie sollen also »unmittelbar« sein. In begründeten Fällen können Zitate aber auch »mittelbar« (sekundär) übernommen werden. Dann ist es erforderlich, auf die Sekundärquelle zu verweisen. Der Hinweis auf die Sekundärquelle erfolgt durch den Zusatz »zitiert nach« oder »zit. n.«, z.B.:

Über die bedeutende Mitwirkung seiner Frau beim Aufbau des Philanthropins in Schnepfenthal schreibt Christian Gotthilf Salzmann:[15]

Blockzitat Ohne ihren Beistand wäre ich nicht imstande gewesen, Schnepfenthal zu gründen. Ihr männlicher Mut, den sie selbst in Verlegenheiten bewies, die mich mutlos machten, ihre unermüdliche Tätigkeit ... setzten mich in den Stand, das schwere Werk, das ich angefangen hatte, zu vollenden. (Salzmann; zit. n. Wimmers, Einleitung z. Krebsbüchlein S. 25)

---

14 Kron, Friedrich W. ([3]2000): Grundwissen Didaktik. München: Reinhardt, S. 124
15 Der nachfolgende Text ist zugleich ein Beispiel für ein Blockzitat. Blockzitate (mehr als 40 Wörter) stehen eingerückt in einem eigenen Absatz (meist in kleinerer Schrift und mit engerem Zeilenabstand). Die Quellenangabe folgt nach dem abschließenden Satzzeichen und steht in Klammern. Danach folgt kein weiterer Punkt.

Wenn das zitierte Werk allerdings zur Grundsubstanz Ihres Themas gehört oder wenn es sich um ein neueres oder allgemein zugängliches Werk handelt, dann müssen Sie sich unbedingt um die Primärquelle bemühen: Angesichts der Tatsache, dass Sie über Verbundkataloge nahezu jeden Titel per Fernleihe bestellen können, hinterlässt es keinen guten Eindruck, wenn Sie solche Werke sekundär zitieren.

Wenn Sie sich mit einem Thema aus der Geschichte der Pädagogik beschäftigen, dann sind bedeutende Originale für Sie wahrscheinlich unerreichbar. Oft liegen aber Nachdrucke vor. Wird nicht aus der Originalquelle, sondern aus einem Nachdruck zitiert, dann sollte dies belegt und im Literaturverzeichnis ausgewiesen werden: Es ist unwahrscheinlich, dass Sie die Erstausgabe des »Orbis sensualium pictus« von Johann Amos Comenius im Original eingesehen haben, aber es gibt eine Vielzahl von Nachdrucken und Bearbeitungen. Wenn Sie also aus einem nachgedruckten »Orbis pictus« zitieren, dann bitte mit einer glaubwürdigeren Quelle als »Comenius, Johann A.: Orbis pictus. Nürnberg 1658«.

Nachdruck

6.1.5 Hervorhebungen

Es wird vorkommen, dass Sie im Text eines Zitates ein bestimmtes Wort oder eine spezifische Passage durch Kursivdruck oder Fettdruck hervorheben wollen oder müssen – sei es, weil Sie auf eine Formulierung innerhalb des Zitates ganz besonders hinweisen wollen, sei es, weil der Autor, den Sie zitieren, dies in seinem Text auch getan hat.

Hervorhebungen im Original

Wenn Sie im Text der Quelle bereits eine Hervorhebung vorfinden, dann müssen Sie diese selbstverständlich in Ihr Zitat übertragen. Das ergibt sich bereits zwingend aus der Grundregel, dass Zitate aus der Quelle immer exakt zu übernehmen sind. Die Art der Hervorhebung können Sie, wenn es nötig ist, ändern. (Manchmal finden Sie Hinweise darauf, z.B.: im Original gesperrt.) Dass Sie diese Hervorhebung bereits im Zitat gefunden haben, können Sie um der Klarheit willen in der Anmerkung noch einmal besonders erwähnen, z.B. wenn vieles hervorgehoben wird oder die Hervorhebung einen besonderen Stellenwert hat – notwendig ist das aber nicht:

Hervorhebung im Original

> »Das Prinzip *der Verteilung der Wiederholung* ist eindeutig. Es bedeutet, dass der Lehrer unter allen Umständen darauf achtet, die Übungsarbeit zu verteilen. *Kurz, aber häufig üben*: so heißt die einfache Grundregel« (Aebli 2001, S. 342; Hervorhebung im Original).

Eigene Hervorhebungen

Vielleicht kommen Sie aber auch in die Situation, dass *Sie* auf eine Stelle, die im Original nicht hervorgehoben ist, besonders hinweisen wollen. Das könnte z.B. der Fall sein, weil sich in der Textstelle, auf die Sie durch das Zitat verweisen, eine wichtige Aussage, ein seltener Beleg für Ihre These oder ein deutlicher Hinweis auf eine falsche Behauptung des Ursprungsautors o.Ä. befindet.

**Eigene
Hervorhebung**

Eine solche vom Original abweichende Hervorhebung müssen Sie allerdings eindeutig kennzeichnen. Dies können Sie z.B. mit folgenden Zusätzen erreichen: »im Original ohne Hervorhebung«, »Hervorhebung nicht im Original«, »Hervorhebung von mir«, »Hervorh. v. mir«. »Hervorh. X. Y.«, z.B.:

> Abschließend schreibt Enderlin zu seinem analytisch-synthetischen Ansatz des Schriftspracherwerbs: »Einer Fibel bedarf es bei diesem … einfachen Verfahren zunächst nicht. Denn die Kinder lernen so auch ohne Fibel lesen, sie lernen *Lesen durch Schreiben*« (Enderlin 1929, S. 56; Hervorh. W.T.).[16]

> *Kommentar:* Mit dieser Hervorhebung soll deutlich darauf hingewiesen werden, dass der methodische Ansatz *Lesen durch Schreiben* keine neue Erfindung ist, wie das vielfach behauptet wird, sondern bereits im ersten Drittel des zwanzigsten Jahrhunderts formuliert wurde.

6.1.6 Abweichungen

Fehler im Original

Falls sich in dem Abschnitt, den Sie zitieren wollen, ein Fehler befindet, stehen Sie vor einem doppelten Dilemma:

- Wenn Sie den Fehler klammheimlich korrigieren, dann kann man Ihnen vorwerfen, dass Sie nicht originalgetreu zitiert haben.
- Wenn Sie den Fehler aber unkommentiert übernehmen, dann sieht es so aus, als wäre *Ihnen* ein Tippfehler unterlaufen – und man könnte denken, Sie hätten nicht ordentlich zitiert.

Auch wenn es besserwisserisch aussieht: In solchem Fall sollten Sie den Hinweis »[sic]« für »so« (steht es in der Quelle) anfügen. Dies wirkt zwar

---

16 Beispieltext aus: Topsch, Wilhelm: Grundkompetenz Schriftspracherwerb. Weinheim: Beltz, 2005, S. 63.

ein wenig pedantisch, aber es ist eine sinnvolle und vor allem auch eingeführte Form, korrekt aus dem Dilemma herauszukommen, z.B.:

> Der Autor greift dieses Problem auf und schreibt: »Um solche Unterschiede zu eleminieren [sic], sollte die Untersuchung ...«

Hinweis auf unvermeidbare Abweichungen

Manchmal kommt es vor, dass Sie ein Zitat schon deshalb nicht originalgetreu wiedergeben können, weil nicht alle Zeichen des Originaltextes mit Ihrem Schreibsystem darstellbar sind. So würden Sie beispielsweise auf Probleme stoßen, wenn Sie einen Text zum Lesenlernen von Valentin Ickelsamer (um 1530) einbeziehen wollten. Zu dieser Zeit wurden teilweise Zeichen und Sonderzeichen verwendet, die unseren heutigen Drucksystemen fremd sind. Aber auch für fremdsprachige Texte gilt: Wenn Sie Teile des Textes nicht korrekt darstellen können, z.B. weil Ihnen einzelne Schriftzeichen oder diakritische Zeichen nicht zur Verfügung stehen, dann sollten Sie unbedingt eine entsprechende Anmerkung einfügen:

Sonderzeichen

> Das Werk Pippi Langstrumpf erschien im Laufe der Zeit in vielen Ländern und vielen Übersetzungen[1], z.B.:
>
> Pippi Långstromp (schwedisch),
> Pippi Langstocking (englisch),
> Peppi Pitkätossu (finnisch),
> Mademoiselle Brindacier (französisch),
> Pippi Langkous (niederländisch),
> Lina Longsokkur (isländisch),
> Ochame-na Pippi (japanisch),
> Pipi Gurab-baland (persisch),
> Fizia Ponczoszanka (polnisch),
> Bibi Meia-longa (portugiesisch),
> Pippi Dlhá Pancucha (slowakisch),
> Pippi Mediaslargas (spanisch) usw.

1 Anmerkung: Nicht alle Sonderzeichen können in dieser Arbeit richtig abgebildet werden; W.T.

6.2 Verweise (indirekte Zitate)

Wenn Sie einen Text sinngemäß aus einer Quelle übernehmen, dann stellt dies eine indirekte Zitierung dar. Sie ist ebenfalls zu kennzeichnen.

6.2.1   *Indirekte Zitate*

Bei indirekten Zitaten wird der Quellangabe im Allgemeinen der Zusatz »vgl.« (vergleiche) vorangestellt. Gelegentlich findet man den Vorschlag, anstelle von »vgl.« den Zusatz »s.« (siehe) zu verwenden. In jedem Fall müssen indirekte Zitate mit einem eindeutigen Verweis auf die Quelle verbunden sein, z.B.:

Originaltext[17]
Die Einsicht in die Lautorientierung hilft dem Kind, seine – z.T. schon sehr komplexen Gedanken – in Schriftsprache zu übertragen. Bei einem Teil der Wörter führt die Lautorientierung zu richtigen Ergebnissen. In Verbindung mit dem in der Schule eingeführten und gesicherten Wortbestand können die spontan schreibenden Kinder bereits eine große Zahl von Wörtern richtig schreiben. Die schriftsprachlichen Äußerungen von spontan schreibenden Kindern sind eine bedeutende kognitive Leistung, die mancher Erwachsene angesichts der »haarsträubenden« Fehler leicht übersieht.

Indirektes Zitat: 1. Versuch
Im Zusammenhang mit dem Spontanschreiben wird die Anzahl der Fehler häufig überschätzt. Dabei können spontan schreibende Kinder in Verbindung mit dem in der Schule eingeführten Wortbestand schon eine große Zahl von Wörtern fehlerfrei schreiben (vgl. Autor, Jahr, Seite).

Bei diesem Beispiel soll der Verweis belegen, dass Sie die Aussagen über Spontanschreiber aus einer Quelle übernommen haben. Dagegen steht von einer Überschätzung der Fehler nichts im Originaltext. Der Autor äußert sich lediglich dazu, dass Erwachsene die Fehler oft »haarsträubend« finden. Die Formulierung, dass etwas »überschätzt« werde, stellt also Ihre persönliche Bewertung dar. Dies käme klarer zum Ausdruck, wenn die Satzfolge umgekehrt würde:

Indirektes Zitat: 2. Versuch
In Verbindung mit den in der Schule eingeführten Wörtern können Spontanschreiber schon eine große Zahl von Wörtern richtig schreiben (vgl. Autor, Jahr, Seite). Im Zusammenhang mit dem Spontanschreiben wird die Anzahl der Fehler aber häufig überschätzt.

---

17 Aus: Topsch, Wilhelm: Grundkompetenz Schriftspracherwerb. Weinheim: Beltz, 2005, S. 153–155

6.2.2 *Zusammenfassende Übernahme*

Ein großer Teil Ihrer Examensarbeit besteht aus der begrifflichen Abklärung Ihres Themenfeldes und der Darlegung des wissenschaftlichen Diskussionsstandes. Ihr Beitrag besteht also darin, Aussagen, Argumente und Ergebnisse zusammenzufassen, zu strukturieren und zu interpretieren. Zwar ist dies Ihre eigene geistige Arbeit, dennoch beziehen sich diese Passagen Ihres Textes auf die Vorarbeiten anderer. Diese Bezugnahme müssen Sie durch einen (richtig platzierten) Hinweis deutlich machen.

Originaltext
Beim Umgang mit »Fehlern« spontan schreibender Kinder sollten einige Grundsätze beachtet werden:
– Nicht alle Fehler müssen besprochen und verbessert werden.
– Bevor der Text eines Kindes »veröffentlicht« wird (z.B. durch Aufhängen an der Pinnwand, Drucken in einer Klassen- oder Schulzeitung etc.), sollte geprüft werden, welche Folgen dies für das Kind hat. Eine Korrektur erscheint im Sinne des Kindes notwendig, wenn die Gefahr einer Bloßstellung durch andere Schüler oder unerwünschter pädagogischer Maßnahmen außerhalb der Schule besteht ...
– Fehler sollten angezeigt (und vom Kind) korrigiert werden, wenn es sich um Wörter handelt, die als Grundwortschatz der Klasse (Lerngruppe) bereits eingeführt und geübt wurden. In seinem eigenen Interesse können wir dem Kind die Mühe nicht ersparen, Konventionen einzuhalten. ...
– Die Lehrerin/der Lehrer ist »auskunftspflichtig«, wenn das Kind nachfragt. In solchem Fall zeigt das Kind ja geradezu an, dass es über den alphabetischen Zugriff hinauskommen will und sich der orthographischen Stufe annähert.

Beispiel
Im Folgenden beziehe ich mich auf die Ausführungen von XY, der sich zum Umgang mit »Fehlern« bei Spontanschreibern äußert. Er schlägt Korrekturen nur dann vor, wenn
– der Text veröffentlicht wird (zum Schutz des Kindes vor Bloßstellung oder unerwünschten Maßnahmen außerhalb der Schule),
– der Fehler in einem geübten Lehrgangswort auftritt oder
– das Kind selbst nachfragt (vgl. Autor, Jahr, Seite).
Es sollte aber nicht verkannt werden, dass viele Fehler auch einen unmittelbaren Nutzen haben ...

Ankündigung

Beginn der Bezugnahmne

Ende der Bezugnahme

Beginn der eigenen Stellungnahme

Bei einer zusammenfassenden Bezugnahme sollten Sie möglichst im laufenden Text schon einleitend darauf hinweisen, dass der folgende Gedankengang auf den Darstellungen der Quelle XY beruht. Wenn Sie zusätzlich am Ende Ihrer Zusammenfassung einen Hinweis platzieren, dann ist zweifelsfrei geklärt, wo der Verweis beginnt und wo er endet. Bei der Platzierung des Verweises im obigen Beispiel ist durch das abschließende »vgl.« klar erkennbar, dass der nachfolgende Satz über den Nutzen der Fehler nicht mehr aus dem Quelltext hergeleitet wird. Diese Klarheit fehlt in den nachfolgenden Negativbeispielen:

Fehler ① Quelle vor dem Text lässt offen, wo die Übernahme enden wird

Fehler ② Text nicht nur aus der Quelle, sondern eigene Ergänzung

Fehler ③ Beginn der Interpretation ist nicht eindeutig erkennbar

Negativbeispiel 1

Im Folgenden beziehe ich mich auf die Ausführungen von XY, der seine Ansichten über Spontanschreiben in mehrere Punkte gliedert (vgl. Autor, Jahr, Seite): Korrekturen bei Fehlern erscheinen angebracht, wenn

– der Text veröffentlicht wird (zum Schutz des Kindes vor Bloßstellung oder unerwünschten pädagogischen Maßnahmen außerhalb der Schule),
– der Fehler in einem geübten Lehrgangswort auftritt,
– das Kind selbst nachfragt,
– eine entsprechende Vereinbarung mit den Eltern besteht.

Insgesamt sollte aber auch der unmittelbare Nutzen von Fehlern nicht verkannt werden, weil …

① Wenn Sie den Quellenhinweis wie in diesem Beispiel platzieren, dann bleibt offen, wo die indirekte Textübernahme endet und wo Ihr eigener Gedankengang wieder einsetzt.

② Auch wenn es inhaltlich aus Ihrer Sicht Sinn macht: Sie dürfen keinesfalls eigene Gedanken oder Vorschläge in die Zusammenfassung des Quelltextes einfließen lassen.

③ Bei diesem Beispiel wird nicht klar, dass das Nachdenken über den Nutzen von Fehlern nicht mehr zum Text des Autors gehört, auf den vorher verwiesen wurde.

Im nächsten Negativbeispiel erfolgt keine Ankündigung. Daher ist nicht erkennbar, wann das indirekte Zitat beginnt. Stattdessen wird nur am Ende der indirekten Übernahme auf die Quelle verwiesen. Es ist ohne weiteres nachvollziehbar, dass dies keine befriedigende Lösung ist, da unklar bleibt, worauf sich der Quellenverweis tatsächlich bezieht.

Negativbeispiel 2

Die Verwendung der Druckschrift ist eine Bedingung für die Integration des Lesen- und Schreibenlernens. Die Handlungsmöglichkeiten des Spontanschreibens ergeben sich erst auf dieser Grundlage. Um Spontanschreiber nicht zu entmutigen, sollten Fehler nur korrigiert werden,

– wenn der Text veröffentlicht wird (zum Schutz des Kindes vor Bloßstellung oder unerwünschten pädagogischen Maßnahmen außerhalb der Schule),
– wenn der Fehler in einem geübten Lehrgangswort auftritt oder
– wenn das Kind selbst es wünscht (vgl. Autor, Jahr, Seite).

Insgesamt sollte aber auch der unmittelbare Nutzen von Fehlern nicht verkannt werden, weil ...

Fehler ① Begründungszusammenhang nicht aus der Quelle

Fehler ② Übergang zum Verweis nicht erkennbar

Richtige Platzierung ③ Nachfolgetext wird abgetrennt

① Hier wird ein Begründungszusammenhang eingeführt, der in der Quelle nicht vorhanden ist. Ob der Autor vom Gedanken der Entmutigung ausgeht, ist in seinem Text nicht erkennbar. Hier handelt es sich offensichtlich um eine Interpretation.

② Da der Übergang zur Bezugnahme auf den Quelltext nicht erkennbar ist, ist unklar, ob die Aussagen über die Druckschrift als Grundlage für das Spontanschreiben vom Autor XY stammen.

③ Dagegen wird deutlich, dass die Erörterung des Fehlernutzens nicht mehr durch den Autor der Quelle erfolgt, sondern sich als eigener Gedankengang anschließt.

Um sicher zu gehen, nicht missverstanden zu werden, sollten Sie folgende Regeln beachten:

● Ein vorher nicht angekündigter Verweis bezieht sich in der Regel auf den vorhergehenden Satz/die vorhergehende Aussage.
● Bei der Bezugnahme auf eine längere Passage empfiehlt es sich anzukündigen, dass sich die nachfolgenden Ausführungen auf die Quelle XY beziehen. Am Ende der Ausführungen erfolgt der Hinweis »vgl. Autor, Jahr, Seite«.
● Sie dürfen die Argumente der Quelle, auf die Sie mit »vgl.« verweisen, zusammenfassen, gliedern oder strukturieren. Voraussetzung ist aber immer, dass der Aussagesinn der Quelle dadurch nicht verfälscht wird. Sie dürfen sich also nicht nur die Argumente rauspicken, die Ihnen passen.
● Sie dürfen die Argumente der Quelle, auf die Sie verweisen, nicht mit eigenen Gedanken anreichern – auch wenn diese (Ihnen!) noch so vernünftig erscheinen.
● Unterscheiden Sie deutlich, ob Sie auf die Quelle verweisen oder ob

Sie sich mit der Quelle diskursiv auseinander setzen. Wenn Sie Bewertungen einbringen, die in der Quelle nicht vorhanden sind, dann muss aus dem Text klar hervorgehen, dass Sie das indirekte Zitat verlassen haben.

Generell gilt: Übertreiben Sie beim Zitieren nicht. Ganz gleich, ob Sie direkt oder indirekt zitieren, »hängen« Sie sich nicht zu sehr an eine einzige Quelle an. Von wenigen Ausnahmen abgesehen, sind die Themenstellungen von Examensarbeiten/Abschlussarbeiten wohl kaum so spezifisch, dass es nicht eine ganze Hand voll von Autoren gäbe, die sich schon dazu geäußert hätte. Es wertet Ihre Arbeit auf, wenn Sie bei der Darlegung Ihrer Thematik auf übereinstimmende oder unterschiedliche Argumentationen in der Literatur hinweisen können, wenn Sie die unterschiedlichen Standpunkte strukturiert referieren und im Hinblick auf Ihre eigene Argumentation gewichten und bewerten.

6.3 Belege

Quellenbeleg   Wenn Sie sich über allgemeine Regeln der Literaturdarstellung in Belegen und im Literaturverzeichnis in verschiedenen Büchern informieren, werden Sie feststellen, dass es sehr unterschiedliche Auffassungen hierzu gibt. Die Vorschläge sind jeweils stark davon abhängig, für welchen Wissenschaftsbereich sie gelten sollen. Die hier (und im folgenden Kapitel) vorgeschlagenen Bibliografierungsformen lassen sich in vielen erziehungswissenschaftlichen Werken nachweisen. Dennoch ist es sinnvoll, im Vorgespräch die Meinung der betreuenden Lehrenden zu erkunden und deren Vorschläge zu berücksichtigen. Da die bibliografischen Angaben einen erheblichen Arbeitsaufwand verursachen, sollten Sie alles vermeiden, was Doppelarbeit bedeutet.

6.3.1   Vollform und Kurzform

Belege müssen so abgefasst werden, dass die benutzten Quellen eindeutig identifizierbar sind und mit möglichst wenig Aufwand aufgefunden werden können. Bei längeren Texten sollten Sie daher auf keinen Fall mit Referenznummern, die auf das Literaturverzeichnis verweisen, arbeiten. Dies kann bei Referaten mit einigen wenigen Quellen akzeptabel sein (sinnvoll erscheint es mir auch dort nicht), für Arbeiten mit vielen Zitaten und Verweisen und mit einem umfangreichen Literaturverzeichnis scheidet das Verfahren vollständig aus, sodass es hier nur noch anhand eines Negativbeispiels dargestellt werden soll.

Negativbeispiel

Die KMK-Vereinbarung (36) räumt den Bundesländern eine große Flexibilität für die Organisation des Schulanfangs ein. Die Folgen davon sind oft diskutiert worden (vgl. 42, S. 17; 14, S. 126 sowie 21, S. 9–16). Kritik daran wird vor allem von Grooler vorgetragen (32, S. 108–115), findet sich aber auch bei (18) und (48).

Im Rahmen einer Examensarbeit gibt es drei Möglichkeiten, die Forderung nach Quellenbelegen zu erfüllen:

- die Verwendung von Kurzbelegen innerhalb des Textes,
- die Verwendung von Fußnoten,
- die Verwendung eines kombinierten Systems.

Viele Lehrende haben mehr oder weniger deutliche Vorstellungen über die Belegformen. An manchen Instituten gibt es auch verbindliche Festlegungen darüber, wie zitiert und belegt werden soll. Wenn das eine oder das andere für Ihre Arbeitssituation gilt, dann besorgen Sie sich diese Vereinbarungen oder Empfehlungen möglichst schriftlich – und halten Sie sich dran. Ansonsten empfehle ich, die nachfolgende Argumentation zu lesen und entsprechend vorzugehen.

Zur Situation der Schreiberin/des Schreibers

Im Rahmen Ihrer Arbeit ist es unverzichtbar, die genauen bibliografischen Daten einer Quelle für das Literaturverzeichnis zu erfassen. Alles spricht dafür, dies sofort zu tun. Verschieben Sie das Bibliografieren nicht auf einen späteren Zeitpunkt: Bevor Sie dazu kommen, das Literaturverzeichnis zu erstellen, mussten Sie die Quelle wahrscheinlich an die Bibliothek zurückgeben. Falls dann noch etwas unklar ist, müssen Sie das Buch für das Literaturverzeichnis noch einmal ausleihen – und möglicherweise empfindliche Wartezeiten in Kauf nehmen.

Unter pragmatischen Gesichtspunkten macht es wenig Sinn, die Erfassung der bibliografischen Angaben bis zur Erstellung des Literaturverzeichnisses zu verschieben. Der Effekt ist eindeutig negativ: Sie haben doppelte Arbeit (Aufnahme der verkürzten Quelle auf einen »Zwischenträger« – Erfassung der vollen Quelle bei Erstellung des Literaturverzeichnisses), und die Fehlerwahrscheinlichkeit steigt an.

Wenn Sie sich strikt an die Regel halten, Quellen sofort vollständig zu erfassen (Vollbeleg), dann ist die Frage »Fußnote, integrierter Beleg (Kurzbeleg) oder Verbundsystem« nur noch eine Frage der Praktikabilität:

- Entweder Sie nehmen den Vollbeleg in der ersten Fußnote auf (und gestalten später aus den Fußnoten das Literaturverzeichnis),
- oder Sie schreiben den Vollbeleg fortlaufend ins Literaturverzeichnis (und lassen es am Ende alphabetisch ordnen). In diesem Fall integrieren Sie in den Text einen Kurzbeleg. In keinem Fall sollten Ihnen Daten der Quelle verloren gehen.

Alles andere sollten Sie sich gar nicht erst angewöhnen.

Zur Situation der Leserin/des Lesers

Versetzen Sie sich in die Lage dessen, der Ihre Arbeit liest: Wenn Sie beim Lesen auf ein Zitat oder auf einen unerwarteten Verweis stoßen, dann wollen Sie sehr wahrscheinlich die genaue Quelle wissen. Finden Sie einen Vollbeleg als Fußnote auf derselben Seite, dann müssen Sie zwar mit den Augen in die Fußzeile (und von dort zurück in den Text) springen – Blättern und Suchen bleiben Ihnen aber erspart. Finden Sie dagegen einen Kurzbeleg im Text, dann ist es oft unvermeidbar, sich zum Literaturverzeichnis durchzublättern und dort den Namen des Autors und die entsprechende Quelle zu suchen. Das kann bei »dicken« Arbeiten und einem umfangreichen Literaturverzeichnis durchaus aufwändig sein. Wenn Sie sich informiert haben, dann müssen Sie zur Ausgangsseite zurückblättern – und Sie müssen die »Absprungstelle« wieder finden, von der aus Sie Ihren Ausflug ins Literaturverzeichnis gestartet hatten. Diese Aktion ist umständlich, und sie ist in jedem Fall mit Blättern und Suchen verbunden.

Resümee

Aus meiner Sicht sprechen sowohl die Schreiber- wie auch die Leserperspektive zunächst einmal grundsätzlich für die Verwendung von Fußnoten. Daher empfiehlt es sich in Examensarbeiten,

- beim Erstauftritt die Vollform als Fußnote und
- bei weiteren Verweisen auf dieselbe Quelle die Kurzform als Fußnote zu wählen (vgl. Heidtmann 1981; Standop [13]1990).

Auch Niederhauser, der ansonsten eher Kurzbelege favorisiert, schreibt: »Gelegentlich findet sich auch noch eine Kombination der älteren und der neueren Art ... indem bei der ersten Erwähnung einer Quelle diese in einer Fußnote vollständig angegeben und bei späterer Erwähnung der Kurzbeleg verwendet wird« (2000, S. 25f.).

Zumindest für die Art wissenschaftlicher Arbeiten, um die es hier geht, ist das Verbundsystem eindeutig von Vorteil: Wenn Sie so vorgehen, leisten Sie die Erfassung jeder neu einbezogenen Quelle sofort in der Vollform (mit allen relevanten Informationen). Sie schieben also keine Aufgaben vor sich her. Außerdem können Sie später aus den Fußnoten das Literaturverzeichnis erstellen. So können Sie sicher sein, dass kein Titel, den Sie im Text erwähnt haben, im Literaturverzeichnis fehlt.

6.3.2 Fußnoten

Inzwischen werden nahezu alle Arbeiten, die im Rahmen des Studiums verfasst werden (Referate, Thesenpapiere, Hausarbeiten, Examensarbeiten), mit Hilfe von Textverarbeitungssystemen erstellt, sodass die Fußnotenerstellung während des Schreibens völlig problemlos ist. Das war zu Zeiten, als Texte noch mit der Schreibmaschine geschrieben wurden, ganz anders. Damals war es notwendig abzuschätzen, wie viel Platz die Fußnoten benötigen würden. Auch das nachträgliche Einfügen oder Entfernen einer Fußnote war nicht unproblematisch. Dies hat sich durch die Textverarbeitungsprogramme grundlegend gewandelt.

Allgemeine Fußnotenregeln

- Die Fußnote wird durch eine hochgestellte Fußnotenziffer angezeigt.   **Grundregeln**
- Gilt die Fußnote für einen ganzen Satz, z.B. für ein abgeschlossenes Zitat, dann folgt Ziffer nach Satzzeichen und Redezeichen.
- Sofern die Fußnote nur einem einzelnen Wort oder Satzteil gilt, wird die Fußnotenziffer hinter diesen Text gesetzt.

Beispiele
- Sie zitieren einen vollständigen Satz. Das Satzzeichen ist Teil des Zitates: »In diesem Fall bezieht sich die Fußnotenziffer auf einen vollständig zitierten Satz.«[Fußnotenziffer, z.B. 12]
- Sie zitieren keinen vollständigen Satz, sondern ein Wort oder einen Satzteil: In diesem Fall steht die Fußnotenziffer nach einem »Wort oder Satzteil«[12] innerhalb des Satzes und nicht am Satzende.
- Sie zitieren keinen vollständigen Satz. Das zitierte Wort oder der zitierte Satzteil stehen vor einem Komma. »Die Fußnotenziffer steht nach dem Komma«,[12] wenn die Satzkonstruktion an dieser Stelle ein Komma vorsieht.

- Am unteren Rand der Seite werden die Fußnotenziffern (meist unter einem Strich, der den eigentlichen Text begrenzt) wiederholt und dann von Ihnen mit einem Quellenverweis versehen: Der Quellenverweis kann die volle Quelle nennen (bei Erstauftritt) oder einen Kurzverweis darstellen (bei Wiederholung derselben Quelle).
- Schließlich können auch Anmerkungen, mit denen Sie Ihren eigenen Text ergänzen wollen, in Fußnoten untergebracht werden. Alles, was im engeren Sinne die Argumentation betrifft, sollte aber unbedingt im Text stehen. Anmerkungen zum eigenen Text stellen also eher einen Ausnahmefall dar.
- Die Angaben im Erstverweis (Vollbeleg in Fußnote) und im Literaturverzeichnis sollen inhaltlich und formal identisch sein. Das ist aus meiner Sicht vor allem aus pragmatischen Gründen wichtig, damit aus den Fußnoten das Literaturverzeichnis generiert werden kann. Daher gelten für die Erstverweise in einer Fußnote die Regeln der Literaturerfassung (vgl. Kapitel 7.2; 8.3.2).

Gestaltung

Sollten Sie sich (in Absprache mit Ihren betreuenden Lehrenden) für die Verwendung von Fußnoten entschieden haben, dann empfiehlt es sich, sich am folgenden Beispiel zu orientieren.

Beispiel

① *Erster Verweis als Vollbeleg:*
Zum Modell der »Berliner Schule« schreibt Kron einleitend: »Der Entstehungszusammenhang der lerntheoretisch begründeten Modellbildung für didaktisches Handeln ... ist eng mit der Person und dem Wirken Paul Heimanns (1901–1967) verbunden.«[1]

② *Wiederholter Verweis als Kurzbeleg:*
... Text ... An anderer Stelle hebt der Autor hervor, dass bei Heimanns Ansatz Lehrerinnen und Lehrer »immer eine doppelte Funktion ausüben«,[2] weil sie planend und analysierend in den Unterricht eingebunden sind.

---

1 Kron, Friedrich W.: Grundwissen Didaktik. 2., verb. Aufl. München: Reinhardt, 1994, S. 137.
2 Kron, Didaktik 1994, S. 138.

Nur der Vollständigkeit halber – und weil Sie bei der Lektüre darauf stoßen werden – werden hier noch zwei Sonderformen erwähnt, die Sie aber nicht nutzen sollten:

Wird das gleiche Werk mehrfach zitiert, dann kann der Beleg in folgender Form erfolgen:

- »Kron, a.a.O., S. 140« [Bedeutung: am angegebenen Ort] – sofern es sich bei dem Verweis um die zuvor zitierte Quelle handelt, jedoch auf eine neue Seite verwiesen wird;
- »ebd.« [Bedeutung: ebenda] – sofern sich der Verweis auf die zuvor zitierte Quelle bezieht und die Textseite identisch ist.

In fast allen Werken zum wissenschaftlichen Arbeiten wird diese Form direkt oder indirekt abgelehnt. Es ist zumindest für das Lesen und Bewerten einer Examensarbeit wenig wünschenswert, dass der Leser erst seitenweise zurückblättern muss um herauszufinden, was »a.a.O.« oder »ebd.« im konkreten Fall bedeuten. Sie sollten diese Form in Examensarbeiten unbedingt vermeiden.

6.3.3 Integrierte Kurzbelege

Integrierte Kurzbelege stehen unmittelbar im Text. Sie stellen eine Alternative zu Fußnotenverweisen dar.

Allgemeine Kurzbelegregeln

- Der integrierte Kurzbeleg steht in runden Klammern. Er erfolgt unmittelbar im Anschluss an das Zitat.   **Grundregeln**
- Der integrierte Kurzbeleg steht nach dem Redezeichen, aber noch vor dem Satzzeichen.
- Falls Sie die gleiche Quelle erneut zitieren, wird der in Klammern stehende Kurzverweis insgesamt wiederholt. Lediglich die Seitenzahlen, auf die verwiesen wird, ändern sich.

Kurzbelege hatten beim klassischen Schreibmaschinenskript bedeutende Vorteile. Diese relativieren sich angesichts der Textverarbeitungsprogramme. Ein unmittelbarer Vorteil integrierter Kurzbelege ist aber die Tatsache, dass beim Lesen das Springen zwischen dem Seitenende und dem Text vermieden wird. Dafür muss in Zweifelsfällen aber ins Literaturverzeichnis gesprungen werden – was mit Blättern und Suchen verbunden ist.

Gestaltung

Hinsichtlich der Gestaltung von Kurzbelegen lassen sich unterschiedliche Auffassungen aufzeigen:

- Rückriem/Stary/Franck beschränken den Kurzbeleg auf Autor und Seite ([10]1997, S. 182).
- Andere Autoren (z.B. Standop [13]1990, S. 68; Niederhauser 2000, S. 25) empfehlen das »Autor-Jahr-System«, das besser »Autor-Jahr-Seite-System« heißen sollte. Es hat sich in Buchpublikationen weitgehend durchgesetzt. Angegeben werden danach im Kurzbeleg Autor, Erscheinungsjahr, Seite(n).
- Poenicke ([2]1989, S. 16) sieht dagegen die Angabe von Autor, Kurztitel und Seite(n) vor.

Daraus ergeben sich folgende Gestaltungsmöglichkeiten:

> Autor Seite
> Autor Jahr, Seite
> Autor, Kurztitel Seite
> Autor, Kurztitel Jahr, Seite.

Pragmatische Lösung Falls Sie sich für integrierte Kurzbelege entscheiden, dann erscheint es sinnvoll, den vierten Vorschlag aufzugreifen. Auf diese Weise bekommt der Leser auch ohne ständiges Nachschlagen im Literaturverzeichnis hinlängliche Informationen über die Quelle. Sehen Sie sich die Umsetzung der vier Realisationen und die beigefügten Kommentare an:

- (**Klafki 45**) – Dieser Verweis enthält keinerlei Information über das eigentliche Werk: Da Klafki über einen langen Zeitraum hinweg ein größeres thematisches Spektrum publizistisch bearbeitet hat, fehlen dem Verweis fast alle wichtigen Informationen.
- (**Klafki 1991, 45**) – Da Klafki ein reiches Veröffentlichungsverzeichnis hat, ist es kaum möglich, aus dieser Angabe zu erschließen, um welches Werk es sich handelt.
- (**Klafki, Didaktik 45**) – Der Kurztitel schafft nur begrenzt Klarheit: Da Klafki sich zur Didaktik zu unterschiedlichen Zeiten *unterschiedlich* geäußert hat, bleibt offen, ob hier auf eine frühe oder eine spätere Auffassung verwiesen werden soll.
- (**Klafki, Didaktik 1991, 45**) – Erst hier wird klar, dass es sich um einen Verweis handelt, der eine spätere Auffassung zur Didaktik (die »kritisch-konstruktive Didaktik«) in den Blick bringt.

Wenn Sie also nicht mit Fußnoten arbeiten, dann sollten Sie Ihren Gutachterinnen/Gutachtern durch integrierte Kurzbelege immer folgende Informationen bereitstellen:

> (Name, Kurztitel Jahr, Seite)

Beispiele

(1) *Kurzverweis bei einem vollständigen Zitat:*

»Wenn deutsche Schüler im internationalen Leistungsvergleich schlecht abschneiden, dann meinen sie: Das liegt am Frontalunterricht in den deutschen Gymnasien. Verschwiegen wird dabei, dass die japanischen Schüler, die besser in Mathematik und Physik sind, noch konsequenter als deutsche Schüler frontalunterrichtlich lernen« (Aschersleben, Frontalunterricht 1999, 1).

(2) *Kurzverweis bei einem unvollständigen Zitat:*

Der Autor gibt an, dass es um diejenigen Untersuchungsbefunde gehe, »die zum Problem geschlechtsspezifischer Unterschiede des Zensierens ... erhoben werden konnten« (Ziegenspeck, Handbuch 1999, 145).

(3) *Kurzverweis zu einzelnen Begriffen:*

Der Autor spricht in Anlehnung an den Eid des Hippokrates vom »Sokratischen Eid« der Pädagogen (v. Hentig, Schule 1993, 244).

6.4 Resümee

Es ist sicherlich klar geworden, dass es über die Art des Zitierens, Verweisens und Belegens unterschiedliche Vorstellungen gibt, die sich aus unterschiedlichen Traditionen ableiten, aber auch mit pragmatischen Ansprüchen begründen lassen. Für Abschlussarbeiten, die unter strikten Terminvorgaben geschrieben und gelesen werden müssen, sind Formen angebracht, die organisatorisch leicht zu bewältigen sind und sich durch Schreiber-/Leserfreundlichkeit auszeichnen. Zur Auswahl stehen daher:

- Fußnoten mit Vollbelegen beim Erstauftritt einer Quelle und mit Kurzbelegen bei Wiederholungen. Dies erleichtert später die Erstellung des Literaturverzeichnisses.

  Name, Vorname: Titel. Untertitel. Auflage. Ort: Verlag, Jahr, Seite   **Grundmuster 1**

- Integrierte Kurzbelege im Text, die in runden Klammern Autor, Kurztitel Jahr, Seite(n) nennen:

  (Name, Kurztitel Jahr, Seite)   **Grundmuster 2**

Sollte es für Ihr Institut Empfehlungen geben, dann folgen Sie diesen. Ansonsten empfiehlt sich das Grundmuster 1.

7. Präsentation der Quellen

7.1 Auswahl der Literatur

Bevor die Art und Weise des Bibliografierens von Quellen für das Literaturverzeichnis erörtert wird, soll der Umfang des Literaturverzeichnisses angesprochen werden. Dahinter verbirgt sich die von Studierenden immer wieder gestellte Frage: »Was muss eigentlich ins Literaturverzeichnis aufgenommen werden?« Obwohl dies eine einfache Frage ist, gibt es darauf zwei Antworten.

- Die erste, engere Antwort lautet: »Das Literatur und Quellenverzeichnis stellt den Nachweis aller bei einer wissenschaftlichen Untersuchung wörtlich bzw. dem Sinne nach verwendeten Quellen dar« (Poenicke [2]1988, S. 146).
- Die zweite, weitere Antwort lautet: Ins Literaturverzeichnis gehören
  - »gelesene Literatur,
  - in Auszügen gelesene Literatur,
  - zitierte Literatur,
  - statistisches Material,
  - mündliche Informationen ...
  Es enthält *nicht* ... nicht-gelesene und nicht-verarbeitete Literatur« (Rückriem/Stary/Franck [10]1997, S. 187; Hervorh. i. Original).

Vielleicht hilft es, sich zu verdeutlichen, dass sich für das Literaturverzeichnis drei unterschiedliche Stufen unterscheiden lassen:

Minimal-
verzeichnis

① Absolut unverzichtbar ist es, die zitierte Literatur bibliografisch zu erfassen und der Arbeit beizufügen. Diese Minimal-Bibliografie bildet das Rückgrat Ihrer Arbeit. Wenn sie nicht vollständig ist, dann ist dies ein schweres Handicap, das Ihnen bei der Bewertung schaden kann.

Pragmatisches
Verzeichnis

② In der Regel wird es sich bei dem Literaturverzeichnis zu einer Examensarbeit aber um ein Verzeichnis der benutzten Literatur handeln, d.h., dass Sie außer der zitierten auch die zum Thema gelesene/angelesene Literatur aufnehmen sollten (vgl. Abb. 4). Diese Position öffnet im Zeitalter des Internetzugriffs auf Bibliothekskataloge natürlich Tür und Tor für den Missbrauch. Erliegen Sie auf keinen Fall der Versuchung, das Literaturverzeichnis mit Hilfe einer Suchmaschine auszubauen. Es macht keinen Sinn – und verdirbt einen ansonsten vielleicht guten Eindruck –, wenn Sie Quellen im Literaturverzeichnis benennen, deren Inhalt Sie nur über den Titel einschätzen können.

③ In seltenen Fällen kann auch ein vollständiges Verzeichnis zum Thema sinnvoll und wünschenswert erscheinen. Wenn Sie z.B. eine historische Etappe des Erstleseunterrichts darstellen sollen, dann kann ein Verzeichnis aller zwischen 1970 und 1980 (in Ihrem Bundesland zugelassenen – oder in Deutschland veröffentlichten) Fibeln sinnvoll sein. Dafür ist aber eine Absprache mit den betreuenden Lehrenden notwendig, weil die Erstellung dieser vollständigen Bibliografie dann als Teil Ihrer Arbeit zu werten ist.

Vollständiges Verzeichnis

Die Quellenangaben werden in aller Regel alphabetisch nach dem Verfassernamen geordnet. Von der alphabetischen Ordnung sollte in Examensarbeiten nicht oder nur in sehr seltenen Ausnahmefällen abgewichen werden. Natürlich gibt es neben dem Alphabet noch andere sinnvolle Möglichkeiten, einen Datenbestand zu ordnen, z.B. chronologisch nach dem Zeitpunkt des Erscheinens. Das kann unter bestimmten Gesichtspunkten sinnvoll sein, z.B. für das Werkverzeichnis von Künstlern, für Examensarbeiten und zum Nachweis der genutzten Quellen ist das aber vollständig untauglich. Ebenso wenig ist es zu rechtfertigen, von der alphabetischen Ordnung abzuweichen, um selbstständige Veröffentlichungen, Beiträge zu Sammelwerken und zu Zeitschriften voneinander zu trennen. Im Zweifelsfall würde es ja bedeuten, dass der Leser nicht nur an einer Stelle, sondern an zwei oder drei Stellen des Literaturverzeichnisses nachschlagen müsste, damit er die Quelle, auf die Sie verweisen wollen, auch wirklich findet.

Alphabetische Anordnung

Ausnahmen können sich dann ergeben, wenn Sie in Ihrer Arbeit Schulbücher, Kinderbücher, Videospiele, Lernsoftware etc. analysieren. Dann ist es gerechtfertigt, diese Quellen, die der Gegenstand Ihrer Analysearbeit sind, von den wissenschaftlichen Quellen, die Sie zur Analyse, Interpretation, Erörterung und Bewertung nutzen, zu trennen.

In keinem Fall sollten Sie ohne Rücksprache mit der/dem betreuenden Lehrenden von der alphabetischen Ordnung des Literaturverzeichnisses abweichen.

7.2 Literaturerfassung

Als wichtiges Kriterium für die Erfassung von Veröffentlichungen gilt die Unterscheidung in selbstständige und unselbstständige Veröffentlichungen. Dieser Logik folgt auch die nachfolgende Darstellung.

- Selbstständige Veröffentlichungen werden in Bibliothekskatalogen erfasst. Dabei handelt es sich um abgeschlossene Veröffentlichungen mit eigenem Titelblatt, Verlag, Jahr und Seitenzählung.
- Unselbstständige Veröffentlichungen sind Beiträge in Sammelwerken, Zeitschriften, Nachschlagewerken etc. Sie sind in Bibliothekskatalogen nicht vertreten, können aber in Datenbanken oder Bibliografien erfasst sein.

Tabelle 14: Orientierungshilfe zur Literaturerfassung		
Wie	**Was**	**Wo**
Selbstständig	Monografien[18], Sammelwerke[19], Nachschlagewerke, Zeitschriften	Bibliothekskataloge
Unselbstständig	Beiträge in selbstständigen Veröffentlichungen, z.B. in Sammelwerken, Zeitschriften etc.	Datenbanken, Bibliografien, Literaturverzeichnisse, Jahresinhaltsverzeichnisse von Zeitschriften

Die nachfolgenden Anleitungen stützen sich auf die Konventionen, wie sie mehrheitlich in erziehungswissenschaftlichen Veröffentlichungen zu finden sind.[20] Da die Erwartungen einzelner Lehrender aber differieren, sollten Sie die Frage der Literaturerfassung unbedingt im Vorfeld der Examensarbeit (nicht erst kurz vor der Reinschrift) mit den betreuenden Lehrenden erörtern.

7.2.1 Selbstständige Veröffentlichungen ohne Herausgeber/in

Bücher von einer Autorin/einem Autor

Worauf Sie achten sollten:
- Name und Vorname werden durch Komma getrennt.
- Nach dem Vornamen wird ein Doppelpunkt gesetzt.
- Titel und Untertitel werden durch einen Punkt getrennt.
- Wenn es sich nicht um die erste Auflage handelt, muss die Auflage genannt werden.

18 Einzeldarstellung; wissenschaftliche Abhandlung über einen einzelnen Gegenstand.
19 Sie finden auch die Bezeichnung »Anthologie« (wörtlich: Blumenlese von griech. anthos »Blume« und legein »lesen«).
20 Hier liegt die DIN 1505 zu Grunde, die allerdings an einzelnen Stellen an den Zweck (Literaturverzeichnis in wissenschaftlichen Abschlussarbeiten) angepasst wird.

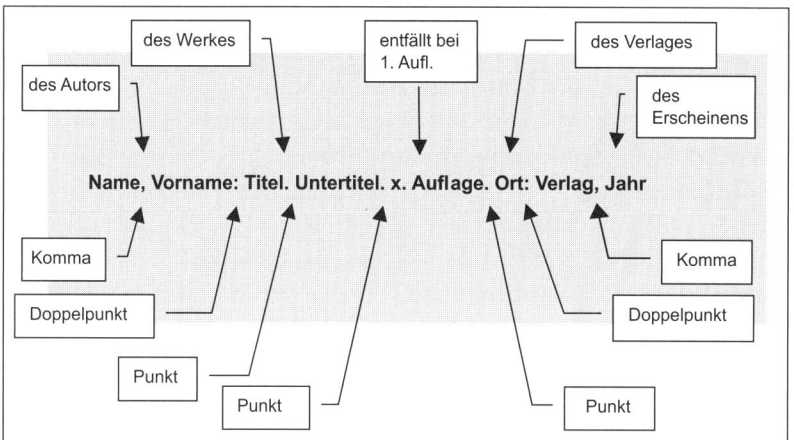

Abb. 9:
Monografien

- Titel oder Untertitel oder Auflage werden durch einen Punkt von der Ortsangabe getrennt.
- Ort und Verlag werden durch einen Doppelpunkt getrennt.
- Sie können das Wort »Verlag« weglassen, sofern es nicht Teil des Verlagsnamens ist.
- Vor der Jahreszahl steht ein Komma.

Lange Zeit war es selbstverständlich, dass die Quelle mit einem Schlusspunkt abgeschlossen wurde. Die DIN 1505 sieht jedoch keinen Punkt am Ende der Titelerfassung vor. Daher wird er zunehmend auch im Literaturverzeichnis weggelassen, z.B. Haefner 2000; Frank/Stary 2003[21]; Brauner/Vollmer 2004. Andere neuere Werke zum wissenschaftlichen Arbeiten (z.B. Kürschner 2003) halten am abschließenden Punkt fest. Das entspricht den Literaturverzeichnissen der Fachveröffentlichungen zur Pädagogik. Da es keine zwingende Regel gibt – und die Praxis uneinheitlich ist – dürfen Sie sich hinsichtlich des abschließenden Punktes frei entscheiden. Allerdings sollten Sie diese Entscheidung innerhalb Ihrer Arbeit durchhalten.[22]

Beispiele

(1) Kiper, Hanna: Vom »Blauen Engel« zum »Club der toten Dichter«. Literarische Beiträge zur Schulpädagogik. Baltmannsweiler: Schneider-Verlag Hohengehren 1998

(2) Lersch, Rainer: Gemeinsamer Unterricht – Schulische Integration. Neuwied: Luchterhand, 2001

---

21 Bis zur 10. Aufl. (1997) mit Schlusspunkt, in der 11. Aufl. (2003) Verzicht darauf.

22 Auch in den weiteren Bibliografiebeispielen dieses Bandes wird der Schlusspunkt weggelassen. Ich folge damit der DIN 1505.

Wichtig: Orientieren Sie sich bei der Erfassung des Titels bitte nicht am Buchumschlag. Für die bibliografische Erfassung ist immer nur der Innentitel gültig. Bei der Umschlaggestaltung können grafische oder werbliche Aspekte eine Rolle spielen, so kann z.B. aus gestalterischen Gründen das Wort Medienkompetenz, das im Innentitel in der korrekten Weise (»Medienkompetenz«) geschrieben wird, auf dem Außentitel als »Medien-Kompetenz« dargestellt sein. Es kommt also vor, dass der Außentitel und der Innentitel (mehr oder weniger deutlich) voneinander abweichen. Wie im nachfolgenden Beispiel finden sich in vielen Fällen Untertitel nicht auf dem Buchumschlag, sondern nur im Innentitel. Auch die Herausgeberschaft erscheint nicht immer zuverlässig auf dem Umschlag.

Beispiele

(1) *Angaben auf der Umschlagseite:*
  Böhme, Franz Magnus: Deutsches Kinderlied u. Kinderspiel

(2) *Angaben auf dem Innentitel:*
  Böhme, Franz Magnus (Hrsg.): Deutsches Kinderlied und Kinderspiel. Volksüberlieferungen aus allen Landen deutscher Zunge, gesammelt, geordnet und mit Angabe der Quellen, erläuternden Anmerkungen und den dazu gehörigen Melodien

(3) *Angaben auf der Umschlagseite:*
  Lompscher, Joachim; Schulz, Gudrun; Ries, Gerhild; Nickel, Horst (Hrsg.): Leben, Lernen und Lehren in der Grundschule

(4) *Angaben auf dem Innentitel:*
  Lompscher, Joachim; Nickel, Horst; Ries, Gerhild; Schulz, Gudrun: Leben, Lernen und Lehren in der Grundschule

Einige Fragen werden häufig angesprochen. Auf sie soll hier vorab eingegangen werden:

- **»Müssen die Vornamen ausgeschrieben werden oder reichen Anfangsbuchstaben?«** Die Antwort ist einfach: Die Titelerfassung schließt die Vornamen der Autoren ein. Eine Beschränkung auf Anfangsbuchstaben ist wirklich nicht ausreichend. So ergibt die Suche nach einem Autor »H. Müller« in der Datenbank des Bibliotheks- und Informationssystems der Universität Oldenburg aktuell 894 Verweise: »H« kann auf *Hans, Harald, Hartmut, Hedwig, Heidi, Heidy, Heike, Heiko, Heinrich, Heinz, Helmut, Henning, Herta, Hilde, Hildegard, Holger* usw. hinweisen: Sie alle heißen »Müller« und haben Bücher veröffentlicht, die im BIS Oldenburg vertreten sind.

- **»Muss die Buchreihe mit erfasst werden?«** Bei Büchern, die in einer Reihe erschienen sind, folgt in runden Klammern ein Hinweis auf die Reihe und die Bandnummer. Im Literaturverzeichnis von Buchveröffentlichungen wird oft auf die Erwähnung von Reihe und Nummer verzichtet. Lassen Sie sich aber nicht von schlechten Beispielen verleiten.

Beispiel
Hinz, Renate: Identitäts-Bildung zwischen Utopie und Wirklichkeit? Versuch einer erfahrungswissenschaftlich orientierten Antwort für die Lehrtätigkeit an Grundschulen. Frankfurt am Main: Peter Lang, 2000 (Res Humanae, Arbeiten für die Pädagogik 5)

● **»Was ist, wenn der Autor mehrere Titel im gleichen Jahr veröffentlicht hat?«** Sind mehrere Titel einer Autorin/eines Autors aus demselben Jahr im Literaturverzeichnis erfasst, dann erfolgt eine zusätzliche Kennzeichnung des Jahres mit dem Zusatz a, b, c usw.

(1) Bönsch, Manfred: Didaktisches Additum. Prüfungsanforderungen für LehramtsreferendarInnen. Neuwied: Luchterhand, 1998a
(2) Bönsch, Manfred: Lerngerüste. Didaktik 2000 für die Primarstufe. Baltmannsweiler: Schneider-Verlag Hohengehren, 1998b

● **»Muss die Auflage erwähnt werden?«** Zusätze, die etwas über die Auflage aussagen, sind für die Literaturerfassung von großer Bedeutung. Sie müssen daher in jedem Falle mit aufgenommen werden. Wer z.B. die 1. Auflage (1963) und die 10. Auflage (1991) des Werkes »Erziehungspsychologie« von Annemarie Tausch und Reinhard Tausch miteinander vergleicht, wird bemerken, dass wesentliche Teile vollkommen verändert wurden, während der Titel gleich geblieben ist. Daher gilt: Zusätze zur Auflage müssen unbedingt bibliografiert werden. Dies erfolgt in der Form, in der sie auch in der Quelle stehen. Abkürzungen sind zulässig, z.B. erw. Aufl., durchges. Aufl., veränd. Aufl., neu bearb. Aufl.

Beispiel
(1) Gudjons, Herbert: Pädagogisches Grundwissen. Überblick – Kompendium – Studienbuch. 7., völlig neu bearb. u. aktual. Aufl. Bad Heilbrunn/Obb.: Klinkhardt, 2001
(2) Gudjons, Herbert: Pädagogisches Grundwissen. Überblick – Kompendium – Studienbuch. 8., aktual. Aufl. Bad Heilbrunn/Obb.: Klinkhardt, 2003

● **»Was ist, wenn mehrere Verlagsorte oder sogar mehrere Verlage genannt werden?«** Es reicht jeweils die erste Angabe (erstgenannter Ort, erstgenannter Verlag).

Bücher von mehreren Autoren

Tritt mehr als ein Autor auf, dann ergeben sich »eigentlich« keine Änderungen. Führen Sie die Autoren in der Reihenfolge auf, wie sie auf dem Innentitel des Werkes genannt werden. Name und Vorname jedes Autors werden durch Komma getrennt, zwischen den Personen steht als Trennzeichen ein Semikolon.[23] Anstelle des Semikolons werden Sie in Veröffentlichungen zunehmend auch eine Trennung durch Schrägstriche finden. Diese Form hat sich inzwischen stark durchgesetzt. Da die Trennung der Autoren durch den Schrägstrich deutlich ins Auge fällt, erscheint sie auch für Puristen akzeptabel. Die Verwendung eines Schrägstrichs trägt nach Standop dazu bei, Doppelnamen klarer abzutrennen. Er schreibt: Daher »verdient die Form Standop/Mertner den Vorzug« (Standop [13]1990, S. 80). Entscheiden Sie sich für eine der beiden Formen:

Trennzeichen *(Marginalie)*

Beispiele

① Rückriem, Georg; Stary, Joachim; Franck, Norbert: Die Technik wissenschaftlichen Arbeitens. Eine praktische Anleitung. 10. überarb. Aufl. Paderborn: Schöningh, 1997

② Ortner, Alexandra/Ortner, Reinhold: Verhaltens- und Lernschwierigkeiten. Handbuch für die Grundschulpraxis. 3. unveränd. Aufl. Weinheim: Beltz, 1995

Früher ging man übrigens anders vor. Da Sie in älteren Werken oder Dissertationen diese andere Darstellung noch entdecken werden, sei sie hier zusätzlich als historische Reminiszenz erwähnt: Bibliografiert wurde in der Form »Name, Vorname und Vorname Name«, z.B.:

Kaiser, Arnim und Ruth Kaiser: Studienbuch Pädagogik. Grundwissen und Prüfungswissen. 8., aktualisierte und erweiterte Auflage. Berlin: Cornelsen Verlag Scriptor 1998.

Dies war lange Zeit die offizielle Form des Bibliografierens (Heidtmann 1981, S. 214). Sie wurde vor allem in Dissertationen gepflegt. In aktuelleren Werken werden Sie diese Form jedoch nicht mehr finden.

Alternativform

Werke mit mehr als drei Autoren sind relativ selten, kommen aber vor. Hinsichtlich des Bibliografierens werden Sie häufig Sonderregelungen

---

23 DIN 1505 sieht vor, dass vor und nach dem Semikolon eine Leertaste steht. Dies hat sich nicht durchgesetzt.

finden, die darauf hinauslaufen, das Werk unter dem Sachtitel (Titel des Werkes) oder unter dem Namen der erstgenannten Person zu bibliografieren. Über die historische Begründung dieser Regel soll hier nicht weiter spekuliert werden. Wichtig ist, dass Sie Werke dieser Art in Katalogen oder Datenbanken tatsächlich nur unter dem Sachtitel oder dem ersten Autor/Herausgeber finden können. Bleiben Sie sich daher stets der Tatsache bewusst, dass die Erfassung von Werken in Bibliothekskatalogen und in Datenbanken nach etwas anderen Regeln erfolgt als die Erfassung von Werken für das Literaturverzeichnis einer Arbeit. Ob das gut ist, muss hier nicht diskutiert werden: Es ist so.

Beispiele

① *Datenbank der Deutschen Nationalbibliografie*
   Leben, Lernen und Lehren in der Grundschule : ein Ost-West-Buch / Joachim Lompscher .... – Neuwied ; Kriftel ; Berlin : Luchterhand, 1997

② *Literaturverzeichnis*
   Lompscher, Joachim; Nickel, Horst; Ries, Gerhild; Schulz, Gudrun: Leben, Lernen und Lehren in der Grundschule. Neuwied: Luchterhand, 1997

Der einzige Autorenname dieses Beispiels, der in der Datenbank der Nationalbibliografie genannt wird, ist der Name Joachim Lompscher. Die übrigen Autorinnen und Autoren verschwinden in einem »schwarzen Loch« – vertreten durch vier Punkte. Da sich die Suche in Datenbanken meist an Personennamen orientiert, ist dies eine herbe Einschränkung. Wenn Sie sich z.B. nur an den Namen einer Person, aber nicht an den Titel des Werkes erinnern   und wenn diese Person zufälligerweise nicht die erste in der Aufzählung ist, dann wird es eng. Suchen Sie z.B. unter dem Autorennamen Horst Nickel in der Nationalbibliografie, dann finden Sie eine ganze Reihe seiner Schriften, nicht aber das o.g. Buch.[24]

Dagegen nennt das Literaturverzeichnis alle Autoren eines Werkes mit Vornamen in der Reihenfolge, in der sie in der Quelle genannt werden (s.u. Beispiel ①).

- Führen Sie immer *alle* Verfasser auf.[25]
- Trennen Sie die Verfassernamen durch Semikolons oder durch Schrägstriche.

---

24 Das gilt in gleicher Weise für die anderen Autoren und für den in der Titelei genannten Mitarbeiter. Sucht man in der Datenbank mit ihrem Namen, wird das genannte Buch nicht gefunden.
25 DIN 1505, Teil 2.

● Übernehmen Sie die Reihenfolge der Namen vom Innentitel des Werkes. Das gilt auch, wenn die Autorennamen nicht alphabetisch auf dem Titel stehen – oder wenn die Reihenfolge auf dem Außentitel und dem Innentitel nicht übereinstimmt. Folgen Sie im Zweifelsfall immer dem Innentitel.

Neben dieser offiziellen Form werden Bücher von Autorenkollektiven häufig lediglich mit der Nennung des ersten im Titel genannten Verfassers und dem Zusatz »u.a.« bibliografiert (Beispiel ②).

> **Beispiele**
> ① *Vollständige Erfassung im Literaturverzeichnis:*
>   Faust-Siehl, Gabriele; Garlichs, Ariane; Ramseger, Jörg; Schwarz, Hermann; Warm, Ute: Die Zukunft beginnt in der Grundschule. Empfehlungen zur Neugestaltung der Primarstufe. Ein Projekt des Grundschulverbandes Arbeitskreis Grundschule – Der Grundschulverband – e.V. unter Mitarb. von Klaus Klemm. Reinbek bei Hamburg: Rowohlt Taschenbuchverlag, 1996
> ② *Abgekürzte Erfassung im Literaturverzeichnis:*
>   Faust-Siehl, Gabriele u.a.: Die Zukunft beginnt in der Grundschule. Empfehlungen zur Neugestaltung der Primarstufe. Ein Projekt des Grundschulverbandes Arbeitskreis Grundschule – Der Grundschulverband – e.V. unter Mitarb. von Klaus Klemm. Reinbek bei Hamburg: Rowohlt Taschenbuchverlag, 1996

Wenn Sie ① und ② miteinander vergleichen, sehen Sie, dass die »Verkürzung« in diesem Fall quantitativ sehr bescheiden ausfällt. Korrekt ist die vollständige Aufzählung aller Verfasser.

Hochschulschriften

Wenn Dissertationen, Habilitationsschriften, Diplomarbeiten oder Magisterarbeiten einbezogen werden, die nicht im Buchhandel erschienen sind, ergeben sich bei der Bibliografierung einige Besonderheiten, weil Hochschulort, Name der Hochschule und der Charakter der Hochschulschrift (die Art der Arbeit) berücksichtigt werden müssen.

Dabei gilt das in Abbildung 10 dargestellte Schema.

Für Orte, in denen es nur eine Hochschule gibt, reicht der Hochschulort aus. Für Orte mit mehreren Hochschulen, z.B. Berlin, ist es sinnvoll, den Namen der Universität zusätzlich zu nennen.

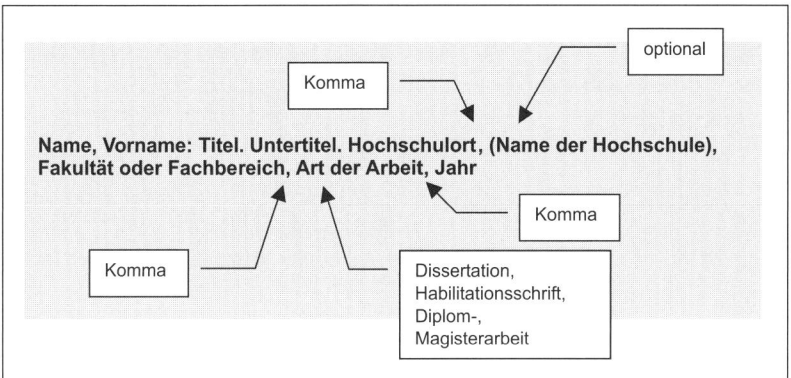

Abb. 10:
Hochschulschriften

An die Stelle des Jahres kann auch das Abgabedatum treten. (Vorgeschrieben sind jedoch nur Hochschulort und Jahresangabe.)

Beispiele

1. Storch, Hartmut: Unterrichtsbeobachtung in der Lehrerausbildung. Kassel, Fachbereich Erziehungswissenschaft, Humanwissenschaften, Dissertation, 1979

2. Heinisch, Annelies: Augenbewegungsparameter beim Lesen in Abhängigkeit von Buchstabengröße und Buchstabenabstand. Würzburg, Julius-Maximilians-Universität, Philosophische Fakultät, Diss., 26. Feb. 1985

3. Schütt, Peter: Erstellen eines Konzeptes für einen Fortbildungskursus für den Dienst auf Ro-Ro-Fahrgastschiffen. Elsfleth, Fachhochschule, Diplomarbeit, 2004

Wahrscheinlich wird es nicht oft vorkommen, dass in Examensarbeiten auf Dissertations- oder Habilitationsschriften, die nur als Hochschulschriften vorliegen, Bezug genommen wird. Der Zugriff auf Veröffentlichungen via Internet oder Datenbank erleichtert dies jedoch. Sofern Sie also Schriften dieser Art einbeziehen, sollten Sie von der Datenlage her entscheiden, ob Sie Version 1 oder 2 verwenden.

7.2.2 Selbstständige Veröffentlichungen mit Herausgeber/in

Sammelwerke mit Herausgeber/in

Viele Texte, die Sie für Ihre Arbeit heranziehen, befinden sich in Sammelwerken. Es sind unselbstständige Veröffentlichungen, und sie werden als solche bibliografiert. Näheres dazu finden Sie im Abschnitt 7.2.3. Es wird aber auch vorkommen, dass Sie das Sammelwerk eines Herausgebers als Ganzes für das Literaturverzeichnis erfassen wollen. Dies ist unkompliziert: Das Sammelwerk ist eine selbstständige Veröffentlichung. Daher wird es wie die Veröffentlichung eines Autors im Literaturverzeichnis geführt.

An die Stelle eines Verfassernamens tritt der Name der Herausgeberin/des Herausgebers. Damit deutlich wird, dass es sich hier nicht um eine Monografie, sondern um ein Sammelwerk handelt, wird die Herausgeberschaft mit dem Zusatz »(Hrsg.)« gekennzeichnet. Treten zwei oder drei Herausgeber auf, dann werden sie – wie bei Monografien – in der Reihenfolge der Nennung auf dem Innentitel aufgeführt. Sollten mehr als drei Herausgeber ein gemeinsames Werk verfasst haben, gelten die oben gemachten Ausführungen und Empfehlungen. Für das Bibliografieren von Sammelwerken gilt folgendes Grundschema:

Abb. 11: Sammelwerke

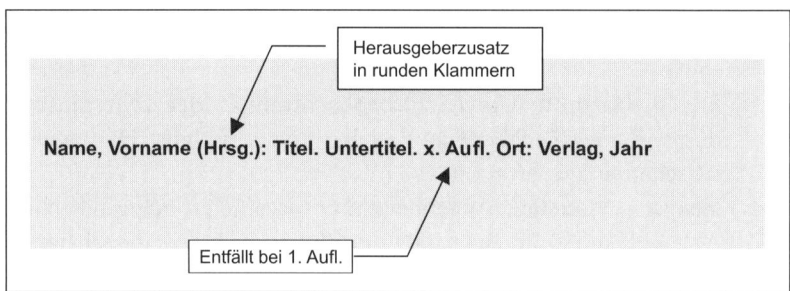

Beispiele
① *Einzelherausgeber:*
Wiechmann, Jürgen (Hrsg.): Zwölf Unterrichtsmethoden. Vielfalt für die Praxis. 3. Aufl. Weinheim: Beltz, 2002
② *Herausgeberkollektiv:*
Blömeke, Sigrid; Reinhold, Peter; Tulodziecki, Gerhard; Wildt, Johannes (Hrsg.): Handbuch Lehrerbildung. Bad Heilbrunn (Obb.): Klinkhardt, 2004
③ *Alternativ:*
Blömeke, Sigrid u.a.: Handbuch Lehrerbildung. Bad Heilbrunn (Obb.): Klinkhardt, 2004

Monografie mit Herausgeber/in

Etwas komplizierter ist der Fall, wenn das Buch zwar eine Monografie ist, aber durch einen Herausgeber betreut wurde. Dies kommt gelegentlich dann vor, wenn das Werk des Autors einer gewissen Aufbereitung, z.B. einer zeitgerechten Bearbeitung bedarf. Zwar steht bei einer solchen Monografie die Autorin/der Autor klar im Vordergrund, aber auch die Leistung des Herausgebers ist Teil des gesamten Werkes. Daraus ergibt sich, dass die Autorin/der Autor an erster Stelle bei der Titelerfassung in der Literaturliste genannt wird – es handelt sich schließlich um ihr/sein Buch. Der Herausgeberverweis wird nach dem Titel/Untertitel mit der Abkürzung »Hrsg.« eingefügt. Ihm schließen sich der Vorname und Name der Herausgeberin/des Herausgebers an. Sofern die Herausgabe mit einer Übersetzung oder Bearbeitung verbunden war, ist dies hinzu- **Bearbeiter** zufügen. Gerade bei solchen Werken sollten Sie den Hinweis beachten, **Übersetzer** dass Bücher nicht vom Buchumschlag her erfasst werden können. Die nö- tigen Angaben werden Sie dort in der Regel nicht finden. Halten Sie sich also immer an den Innentitel. Dort sind die Herausgeber, Bearbeiter (und ggf. Übersetzer) genannt, die Sie für Ihre Bibliografie erfassen müssen.

Beispiele

(1) Comenius, Johann Amos: Pampaedia. Lateinischer Text und deut- sche Übersetzung. Hrsg. Dmitrij Tschizewskij in Gemeinschaft mit Heinrich Geißler und Klaus Schaller. Heidelberg: Quelle und Meyer, 1960

(2) Gage, Nathaniel L.; Berliner, David C.: Pädagogische Psychologie. Herausgegeben und aus dem Amerikanischen übersetzt von Ger- hard Bach. 5., vollst. überarb. Aufl. Psychologie-Verlags-Union. Weinheim und Basel: Beltz, 1996

7.2.3 Unselbstständige Veröffentlichungen

Beitrag in einem Sammelwerk

In der Sache geht es hier um die Einzelbeiträge von Autoren oder Auto- **Sammelwerke** rengruppen, die in einem Sammelwerk, Handbuch, Lexikon etc. oder die **Lexika** in einer Zeitschrift beziehungsweise in einer Zeitung abgedruckt wurden. **Zeitschriften** Die Sammelwerke der Herausgeberinnen/Herausgeber sind »selbststän- dige Veröffentlichungen« (s.o.), die von Bibliothekskatalogen erfasst wer- den. Die Beiträge der Autorinnen und Autoren in diesen Werken sind dagegen »unselbstständige Veröffentlichungen«. Sie werden in Biblio- thekskatalogen nicht erfasst.

Um Einzelbeiträge in Sammelwerken auffinden zu können, sind zu den üblichen bibliografischen Daten (Autor, Titel etc.) zusätzliche Anga- ben erforderlich, die das Sammelwerk betreffen. Dabei gilt: »Es wird zu- nächst der spezielle Beitrag angegeben, dann in der Herkunftsangabe nach ›In:‹ die Quelle.«[26] Im Grunde geht es also darum, verschiedene In-

---

26 DIN 1505, Teil 2, S. 6

formationsteile miteinander zu verknüpfen. Dabei ergibt sich eine logische Reihenfolge, aus der sich das eigentliche Bibliografieschema ableiten lässt.

Abb. 12:
Grundmuster für
unselbstständige
Veröffentlichungen

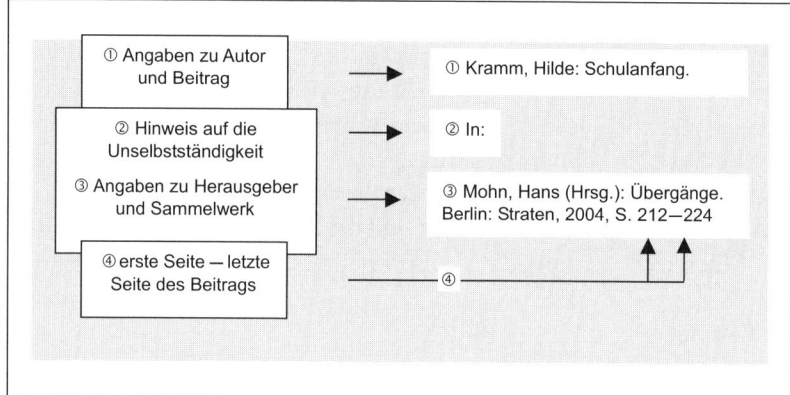

Dieses vierteilige Schema gilt im Prinzip für alle Arten von unselbstständigen Veröffentlichungen. Wichtig ist das »In:«, weil damit auf den »Fundort« verwiesen wird. Es zeigt an, dass es sich um eine unselbstständige Schrift handelt. Daher sind weitere Angaben zur Quelle unerlässlich. Dazu gehört auch die Seitenangabe. Eine Bestellung des Beitrags über einen Kopie-Lieferdienst ist nur mit korrekten Seitenangaben möglich.

Abb. 13:
Beiträge in
Sammelwerken

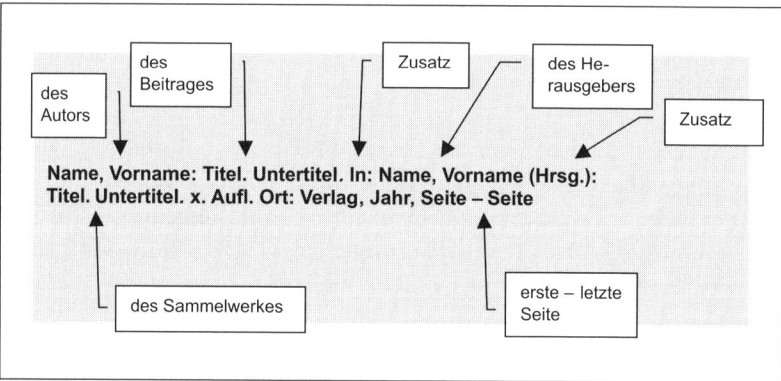

Beispiel
Topsch, Wilhelm: Geschichte der Didaktik des Lesens. In: Bredel, Ursula u.a. (Hrsg.): Didaktik der deutschen Sprache. Ein Handbuch. München: Schöningh, 2003, S. 501–512

Beitrag in einer Zeitschrift

Zeitschriftenaufsätze sind unselbstständige Veröffentlichungen. Für die Bibliografierung gilt das allgemeine Grundmuster (s. Abb. 12). Allerdings treten besondere Regelungen hinzu. Hier sind vor allem die Bandnummer, das Erscheinungsjahr und die Heftnummer zu nennen.

- Am »In:« wird auch hier erkennbar, dass es sich um einen unselbstständigen Beitrag handelt, der in einer selbstständigen Veröffentlichung enthalten ist.
- An »Band«, »(Jahr)« und »Heftnummer« wird erkennbar, dass es sich bei der selbstständigen Veröffentlichung nicht um einen Sammelband, sondern um eine Zeitschrift handelt.
- Darüber hinaus gilt als Konvention, den Titel der Zeitschrift kursiv zu schreiben.

Es ergibt sich folgendes Schema:

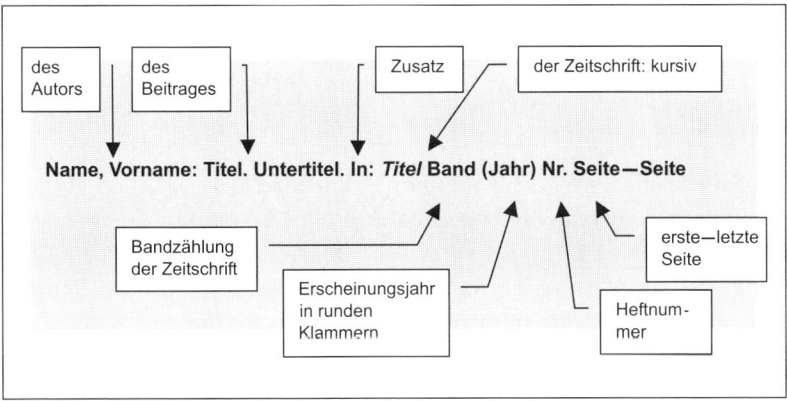

Abb. 14:
Beiträge in
Zeitschriften

Erklärungsbedürftig sind bei diesem Schema allenfalls die Begriffe »Band« und »Jahr«. Der Begriff »Nr.« ist selbsterklärend:

- **Band:** Jedes Erscheinungsjahr wird fortlaufend als ein Band gezählt. Die Angaben zum Band sagen also aus, im wievielten Jahrgang die Zeitschrift erscheint. Bei einer Zeitschrift, die es seit Jahrzehnten gibt, kann es sich z.B. um den 69. Band handeln. Das Wort »Band«, die Abkürzung »Bd.« oder »Vol.« müssen nicht vor der Zahl stehen.
- **Jahr:** Mit »Jahr« ist das Kalenderjahr gemeint, in dem die Zeitschrift erschienen ist, z.B. (2005). Im Unterschied zu Beiträgen in Sammelwerken steht bei Zeitschriftenbeiträgen die Jahresangabe in runden Klammern. Diese sind verbindlich.

● **Nr.:** Die Heftnummer sollte immer angegeben werden. Das ist ein absolutes Muss, wenn die Seitenzählung der Zeitschrift bei jeder Ausgabe neu beginnt. Ohne die Heftnummer wäre in solchem Fall das Auffinden des Beitrages sehr schwierig.

Offiziell folgt die Heftnummer nach »Nr.«. Häufig werden Sie aber auch »Heft« oder »H.« finden oder nur die entsprechende Zahl. Auch auf das »S.« vor der Seitenzahl wird vielfach verzichtet (so z.B. in den Bibliografischen Regeln der Deutschen Gesellschaft für Psychologie). Generell gibt es eine Tendenz, auf alles, was redundant ist, zu verzichten.

Beispiele

① *Langform:*
Ditzel, Sandra; Neubert, Bernd; Thole, Wiebke: Heute ist morgen schon gestern. Kinder erleben die historische Dimension Zeit am Beispiel der eigenen Biographie. In: *Sache-Wort-Zahl* Bd. 26 (1998), Nr. 14, S. 26–37

② *Kurzform:*
Ditzel, Sandra; Neubert, Bernd; Thole, Wiebke: Heute ist morgen schon gestern. Kinder erleben die historische Dimension Zeit am Beispiel der eigenen Biographie. In: *Sache-Wort-Zahl* 26 (1998), 14, 26–37

Seitenzahlen Als Seitenzahlen sind die erste und die letzte Seite des Beitrags zu nennen. Für eine korrekte Bibliografie reicht es nicht aus, nur die erste Seite anzugeben und »ff.« folgen zu lassen, z.B. also nicht: »S. 26ff., sondern »S. 26–37«. Der Grund für diese Forderung ist einfach: Es ist kaum möglich, einen Zeitschriftenaufsatz über einen Aufsatzlieferdienst zu erhalten, wenn die Angaben für die erste und die letzte Seite nicht vorhanden sind.

Bezugnahme auf eine Zeitung

Bei Arbeiten mit aktuellem Bezug kann es vorkommen, dass Sie aus einer Tages- oder Wochenzeitung zitieren wollen. Da Tageszeitungen im Allgemeinen redaktionell nicht gerade nach wissenschaftlichen Ansprüchen verfahren, ist die Zitierfähigkeit von Tageszeitungen in wissenschaftlichen Arbeiten nicht unumstritten. Deshalb sollten Zitate und Verweise auf die Tagespresse möglichst nicht zur Stützung einer These, sondern eher als Beleg für die Verbreitung bestimmter Meinungen herangezogen werden. Für die Bibliografie von Zeitungsbeiträgen ergibt sich analog zum Zeitschriftenbeitrag folgendes Schema:

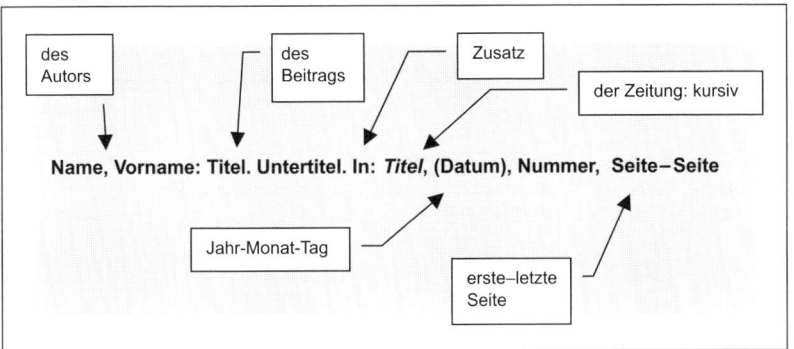

Beispiel

Pilgram, Jutta: »Hochschulreform darf kein Abbruchunternehmen werden«. Der scheidende Präsident der Kultusministerkonferenz, Hans Joachim Meyer, warnt vor Amerikanisierung der Universitäten. In: *Süddeutsche Zeitung*, (1999-12-30), Nr. 302, S. 6

Internet und Electronic Publishing

Verweise auf Texte aus dem Internet und auf Arbeiten, die auf dem Wege des Electronic Publishing veröffentlicht wurden, nehmen in Examensarbeiten zu. Dass vor allem Verweise auf das Internet einer besonderen Vorsicht bedürfen, ist an anderer Stelle bereits erörtert worden.

- **Internet/Web-Dokumente**[27]: Die Verweise auf Web-Dokumente orientieren sich an der Bibliografierung von Print-Dokumenten. Ergänzend treten zumindest Angaben über die URL und das Aufrufdatum hinzu. Da die Form der Zitierweise von Web-Dokumenten noch nicht endgültig festgelegt ist, werden Sie unterschiedliche Empfehlungen finden. Das gilt z.B. für das Aufruf- oder Downloaddatum. (Hier können Sie die deutsche oder die amerikanische Schreibweise verwenden.) Auch wenn es in der einschlägigen Literatur nicht eindeutig gefordert wird, sollten Sie in jedem Fall zusätzlich das Datum der Texterstellung durch den Autor und/oder das Datum einer Aktualisierung des Web-Dokumentes ermitteln. Texte, von deren Erstell- oder Aktualisierungsdatum Sie keine Ahnung haben, sollten Sie im Rahmen von Examens- und Abschlussarbeiten tunlichst meiden – oder zumindest mit Vorsicht verwenden und ggf. eine Absprache mit Ihren betreuenden Lehren treffen.

---

27 Ich orientiere mich an den Richtlinien der Deutschen Gesellschaft für Psychologie (1997).

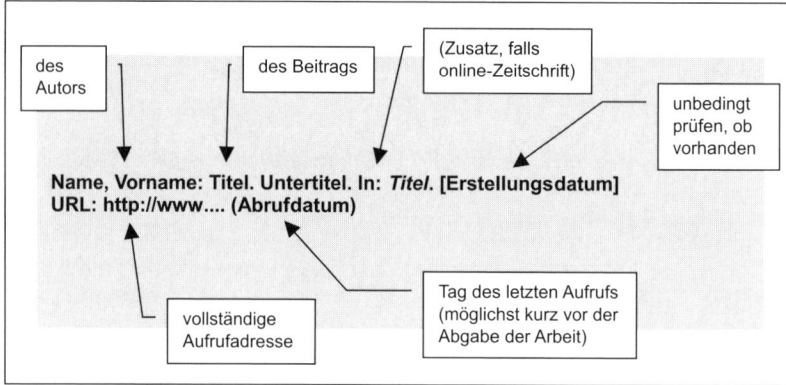

Die Anregung, das Erstellungs- oder Aktualisierungsdatum eines Web-Dokuments *zusätzlich* in die Bibliografierung aufzunehmen, versteht sich als Vorschlag. Für viele vertrauenswürdige Web-Quellen ist das ohnehin selbstverständlich, so z.B. für die nachfolgenden Beispiele.

Die URL muss vollständig – und vollständig richtig – angegeben werden. Aus eigener leidvoller Erfahrung wissen Sie, dass ein falscher Punkt, ein falscher Strich, ein fehlendes Zeichen etc. ins Internet-Nirwana führen. Daher sollten Sie darauf achten, dass Ihr Trennprogramm keinen Trennstrich einfügt und dass der Zeilenumbruch (sofern notwendig) nach einem Schrägstrich (slash) erfolgt. Das vermeidet Missverständnisse und erlaubt es den Lehrenden, sofern Sie Ihre Arbeit zusätzlich in digitaler Form abgeben, Web-Dokumente direkt aus dem Leseprogramm heraus (also ohne abzutippen) zu starten.

Die Frage, ob »Aufruf«, »letzter Aufruf«, »Download«, »Stand« oder gar nichts vor Ihrem Aufrufdatum stehen soll, ist nachrangig und wird unterschiedlich beantwortet. Längerfristig wird sich vermutlich eine sparsame Form durchsetzen, z.B. das Aufrufdatum in runden oder eckigen Klammern. Selbstverständlich sollte sein, dass Sie kurz vor dem Ausdruck Ihrer Arbeit alle Internetquellen noch einmal prüfen. Passen Sie danach im Text das Aufrufdatum an.

Beispiele

Statistisches Bundesamt Deutschland: Bildung, Wissenschaft und Kultur 2002. Allgemein bildende Schulen, Absolventen/Abgänger und Absolventinnen/Abgängerinnen des Schuljahr 2002/2003 nach Abschlussarten. Aktualisiert am 15. November 2004
http://www.destatis.de/basis/d/biwiku/schultab16.htm
(Aufruf: 2004-12-01)
Oelkers, Jürgen: Studium als Praktikum? Illusionen und Aussichten der Lehrerbildung. In: *sowi-onlinejournal* 0/2000. 18.07.2000, redaktionelle Korrekturen: 01.08.2003

http://www.sowi-onlinejournal.de/lehrerbildung/oelkers.htm
(Aufruf: 01.12.2004)

Da das Internet ein vergleichsweise flüchtiges und unzuverlässiges Medium ist, sollten Sie mit Internetinformationen umsichtig umgehen. Wenn es sich nicht um offizielle Dokumente von Ministerien, Behörden, Universitäten, Forschungsinstitutionen, Fachverlage usw. handelt, ist es empfehlenswert, Internetinformationen vorwiegend ergänzend heranzuziehen, sich aber ansonsten an die klassischen Medien des wissenschaftlichen Arbeitens (Fachbücher, Fachzeitschriften) zu halten. Zusätzlich sollten Sie unbedingt mit den Lehrenden abklären, ob Sie die abgerufenen Internettexte, auf die Sie sich beziehen, ausgedruckt als Anlage beifügen sollen. Achten Sie darauf, dass auf dieser Anlage die Internetadresse und das Datum des Abrufs aufgeführt sind.

Seitenausdruck

- **Electronic Publishing:** Veröffentlichungen, die auf dem Wege des Electronic Publishing erscheinen und beispielsweise über Universitätsbibliotheken in das Internet gestellt werden, sind von den einschränkenden Anmerkungen über das Internet natürlich auszunehmen. Sie werden analog zu herkömmlichen Fachveröffentlichungen bibliografiert. Zusätzlich werden die URL und das Datum des Aufrufs oder Downloads beigefügt. Eine Ergänzung, die auf den Download-Umfang verweist, ist (noch nicht) vorgeschrieben, erscheint mir aber außerordentlich sinnvoll.

Download-adresse

Beispiel
Rolus-Borgward, Sandra: Lernen des Lernens durch die Förderung der Reflexivität. Das ZOR-Konzept. Eine kritische Auseinandersetzung mit der metakognitiven Instruktionsforschung am Beispiel der Förderung des Bearbeitens von Textaufgaben. Oldenburg, Universität, Fachbereich 1, Dissertation 2002 (1,2 MB)
http://docserver.bis.uni-oldenburg.de/publikationen/dissertation/
2003/roller02/roller02.html (Aufruf: 01.12.2004)

- **Audio-visuelle Quellen:** Falls Sie audio-visuelle Quellen, z.B. Filme, Videokassetten, Diaserien, Audio-CDs, Daten-CDs, Computersoftware o.Ä. für Ihre Arbeit nutzen, so werden diese »wie selbstständige Quellen behandelt ... Unmittelbar nach dem Titel gibt man die Art der Quelle an« (Poenicke [2]1988, S. 167). Unter Art der Quelle sind Angaben wie »Spielfilm«, »Diaserie«, »Computersoftware« usw. zu verstehen.

Beispiel

Pasch, Jörg; Steuber, Hartmut: LiteRat. Version 1.5a. Computersoftware. Informationsstelle Erziehungswissenschaft der Heinrich-Heine-Universität Düsseldorf 1996

Sonderfälle

Auf der Basis der bislang erörterten Grundmuster der Literaturerfassung können Sie vermutlich die überwiegende Zahl aller Quellen einordnen. Dennoch werden Sie auf Sonderfälle stoßen, die bislang nicht erörtert wurden. Einiges wird sich nachfolgend noch als »Sonderfall« aufklären. Aber auch die vollständigste Darstellung kann nicht alles erfassen. Es bleiben Lücken. Für die verbleibenden »Randphänomene« sollte gelten: Treffen Sie auf der Grundlage der bisherigen Muster pragmatische Entscheidungen, die das problemlose Auffinden der Quelle ermöglichen. Wenn Sie unsicher sind, ob Ihre betreuenden Lehrenden damit einverstanden sind, fragen Sie nach.

- Zusätze wie »Mit einem Vorwort von ...« oder »Mit zwei Beiträgen von ...« werden nach dem Titel bzw. nach dem Untertitel eingefügt.
- Ist das Werk in einem Verlag erschienen, der mehrere Orte angibt, kann man sich auf den ersten Ort beschränken – es ist kein »u.a.« erforderlich. Wenn mehrere Verlage genannt werden, können Sie sich auf den ersten Verlag beschränken. In vielen Büchern werden Sie dies aber anders finden. Halten Sie sich an die einfache Regel: erster Ort, erster Verlag – der Rest entfällt.
- Sollte kein Ort angegeben sein, dann wird der Vermerk »o.O.« (ohne Ort) an die Stelle des Erscheinungsortes gesetzt.
- Falls kein Jahr angegeben ist, dann wird der Vermerk »o.J.« (ohne Jahr) an die Stelle des Erscheinungsjahres gesetzt.
- Tritt kein Verfasser, sondern lediglich eine Institution auf, so wird der Name der Institution wie der eines Herausgebers behandelt, z.B. »Deutscher Bildungsrat (Hrsg.)«.
- Für Bücher, die im Selbstverlag erschienen sind, wird als Verlagsnamen »Selbstverlag« (oder der Name des Verfassers) gesetzt.
- Wenn ein Werk in mehreren Teilbänden erschienen ist, erfassen Sie dies beim Bibliografieren z.B. durch den Zusatz »1. Halbband« (Abkürzungen sind zulässig, wenn Sie leicht verständlich sind).
- Werden in einem Werk (z.B. Fachlexikon) nicht Seiten, sondern Spalten angegeben, so vermerken Sie dies, z.B. durch »Spalte 635–638«. Als Abkürzung können Sie »Sp.« verwenden.

● Schriften, die im Zusammenhang mit Kongressen, Forschungsprojekten, Arbeitsvorhaben von Fachgruppen etc. entstehen und nicht im Buchhandel erscheinen, aber von wissenschaftlichen Bibliotheken erfasst werden, werden im Allgemeinen als »graue Literatur« bezeichnet. Sie werden wie Monografien oder Sammelwerke erfasst. Nach Ort und Doppelpunkt wird anstelle eines Verlages die Institution (z.B. »Didaktisches Zentrum der Universität Oldenburg«) angegeben. Es folgt die Jahreszahl.

7.3 Anordnung im Quellenverzeichnis

Das Literaturverzeichnis muss zumindest alle Quellen aufnehmen, auf die Sie verwiesen haben. Hieran führt kein Weg vorbei. Wenn Sie einzelne benutzte Quellen vergessen, dann ist dies für Ihre betreuenden Lehrenden zwar nachvollziehbar (wer hätte nicht schon mal etwas vergessen), aber im Rahmen der Examensarbeit ein deutliches Handicap für die Bewertung. Klären Sie rechtzeitig mit den betreuenden Lehrenden ab, ob Sie nur die zitierte oder auch die gelesene Literatur aufnehmen sollen. Das Literatur- oder Quellenverzeichnis ist alphabetisch geordnet. Obwohl Sie vermutlich seit Ihrer Grundschulzeit »alphabetsicher« sind, sollten Sie die alphabetische Ordnung dem Textverarbeitungsprogramm überlassen. Ansonsten gilt:

● Tritt ein Autor mehrfach auf, werden seine Werke nach dem Jahr des Erscheinens geordnet. (Die ältesten Titel zuerst.)   **Grundregeln**
● Hat der Autor außerdem noch gemeinsame Werke mit anderen Autoren verfasst, werden diese Titel nach den Titeln als Einzelautor angeordnet.
● Treten zwei Autoren mit dem gleichen Nachnamen auf, werden sie alphabetisch nach dem Vornamen geordnet.
● Namenszusätze wie »van«, »von«, »zu« werden bei deutschen Autoren nachgestellt. Akademische Titel, Adelsbezeichnungen etc. bleiben unberücksichtigt.

Beispiele

Müller, Helene: ... 1994 Müller, Helene: ... 2003	Zuerst allein verfasste Titel eines Autors nach Erscheinen geordnet angeben.
Müller, Helene/Meier, Ina: ... 2001 Müller, Helene/Schulze, Gerd: ... 2000	Dann alle gemeinsam verfassten Titel: alphabetisch nach dem Zweitautor geordnet erfassen.
Müller, Helene: ... 1993 Müller, Phillip: ... 2004a Müller, Phillip: ... 2004b	Gleicher Erstautorname (Müller): Hier wird alphabetisch nach Vornamen (Phillip nach Helene) geordnet; bei mehreren Veröffentlichungen im gleichen Jahr erfolgt der Zusatz a, b, c ... zur Jahreszahl.
Arden, Emanuel van: ... 1996 Barandell, Luise von: ... 2001 Crondeste, Simone zur: ... 1998	Namenspräfix werden bei deutschen Autoren nachgestellt.
DeMause, Lloyd: ... 1979 MacGall, Gary F.: ... 2005 McClaffy, Elgard M.: ...1964	Bei ausländischen Autoren werden Namenspräfixe dem Namen vorangestellt, wenn es der Regelung des Herkunftslandes entspricht.

8. Textverarbeitungsfunktionen

Bei der praktischen Umsetzung Ihrer wissenschaftlichen Arbeit sollten Sie möglichst alle Hilfen nutzen, die Ihr Textverarbeitungsprogramm bereithält. Da die Textverarbeitungsprogramme unterschiedlich sind und weiterentwickelt werden, müssen Sie ggf. im Handbuch oder einer Anleitung zum jeweiligen Programm nachschlagen. Nach dem derzeitigen Stand ist es sehr wahrscheinlich, dass Sie entweder mit einer Version von »Word« aus dem Windows-Office-Programm oder mit der Textverarbeitung einer Version des »StarOffice-Programms« arbeiten. Beide Programme sind in den Grundfunktionen ähnlich aufgebaut. In den nachfolgenden angesprochenen Teilbereichen unterscheiden sie sich nicht grundsätzlich. Der Preisunterschied zwischen den Programmen ist allerdings erheblich: StarOffice ist als Teil einer viele Programme umspannenden Open-Source-Philosophie kostenlos oder zumindest sehr preiswert erhältlich. Auch für die Kompatibilität ist gesorgt. Wenn Sie sich häufig Dateien mit Word-Nutzern austauschen, können Sie Ihre Dateien von Fall zu Fall als Word-Datei abspeichern. Sie können auch einstellen, dass StarOffice Ihre Dateien grundsätzlich als Word-Datei abspeichert. Die Windows-Office-Programme können Sie ggf. auch in einer preiswerteren »Schüler-Studenten-Lehrer-Version« erwerben.

Nachfolgend findet eine Beschränkung auf die Funktionen statt, die in diesen und anderen Textverarbeitungen ähnlich gehandhabt werden und die mit Sicherheit auch bei der Weiterentwicklung der Programme erhalten bleiben werden. Dabei werden vier Bereiche angesprochen, die den alten didaktischen Prinzipien »vom Nahen zum Entfernten« oder »vom Einfachen zum Zusammengesetzten« folgen: Hier geht es um

- die gebräuchlichsten Hilfs- und Sicherungsfunktionen,
- die Gliederungsfunktion,
- die Erstellung von Verzeichnissen
- und um Dokument- und Formatvorlagen.

Falls Sie für die Beschäftigung mit einem, mehreren oder allen Punkten keinen Bedarf sehen, überspringen Sie die entsprechenden Seiten.

8.1 Hilfs- und Sicherungsfunktionen

8.1.1 Basishilfen

Es gibt eine Reihe von Basishilfen, die so grundlegend sind, dass sie implizit immer schon vorausgesetzt werden. Gleichwohl sind sie nicht für alle Studierenden Allgemeingut. Daher werden Sie hier kurz angesprochen.[28]

- **Hilfe:** Textverarbeitungsprogramme enthalten inzwischen so viele unterschiedliche und im Normalgebrauch nur selten genutzte Funktionen, dass sie ohne umfangreiche Handbücher nicht auskommen. Allerdings dürften die wenigsten Nutzer diese Handbücher – auch wenn sie diese zusätzlich erworben haben – auch lesen. Sie stützen sich im Zweifelsfall auf die interne Hilfe. Sie steht – sofern das entsprechende Programm vorschriftsmäßig installiert wurde – jederzeit »auf Knopfdruck« zur Verfügung. Es gibt unterschiedliche Wege, zur internen Hilfe zu gelangen, grundsätzlich können Sie aber auch die
Funktionstaste F1 Funktionstaste *F1* benutzen. Wenn Sie die Hilfe gestartet habe, dann können Sie in die Eingabezeile Ihre Frage relativ »umgangssprachlich« formuliert eingeben.

  Praxis
  Wenn Sie die Frage »Wie erstelle ich eine Formatvorlage?« oder die Aussage »Ich will eine Formatvorlage erstellen« eingeben, dann erhalten Sie folgende Hilfsangebote (Word 2003):

  Erstellen einer neuen Formatvorlage ...
  Ändern eines Designs ...
  Ändern einer Formatvorlage

- **Rückgängig-Wiederherstellen:** Es wird vorkommen, dass Sie einen markierten Text (oder das ganze Dokument) aus Versehen löschen, dass Sie Tabellen falsch formatieren oder »verziehen«, dass Sie versehentlich einen Tastenschlüssel auslösen, (den Sie vielleicht gar nicht kennen), der aber dazu führt, dass ein Absatz Ihres Textes eingerückt oder mit falschem Zeilenabstand formatiert wird usw. In all diesen Fällen, besonders aber dann, wenn Sie selbst nicht so genau wissen, wie Ihnen das Malheur passiert ist, sollten Sie nicht versuchen, den alten Zustand »von Hand« wieder herzustellen oder die falschen

---

28 In der nachfolgenden Beschreibung wird immer der Weg über das Menü erläutert. Dass ein Teil der Funktionen über Icons erreichbar ist, wissen Sie ohnehin.

Kommandos aufzuheben. Oftmals wird dadurch alles nur noch schlimmer. Wählen Sie stattdessen im Menü die Option *Bearbeiten – Rückgängig* oder klicken Sie das entsprechende Icon in der Menüzeile an. Die meisten Textverarbeitungen halten nicht nur einen Schritt, sondern viele Arbeitsschritte in einem Protokoll fest. Sie können daher eine große Zahl von Schritten rückwärts gehen. (Bei StarOffice können Sie die Anzahl der Schritte selbst festlegen: Voreingestellt sind zwanzig Schritte.) Sollten Sie dabei einmal »zu weit« gehen, dann ist es – anders als im richtigen Leben – problemlos möglich, den alten Zustand wieder herzustellen. Nutzen Sie im Menü die Option *Bearbeiten – Wiederherstellen*, mit der Sie den Rückgängig-Befehl schrittweise wieder aufheben können.

Praxis

Wenn Sie nicht dauernd mit der Maus herumklicken wollen, dann nutzen Sie die Tastenschlüssel *Strg+Z* (Rückgängigfunktion) und *Strg+Y* (Wiederherstellfunktion). Dass es noch weitere trickreiche Tastenschlüssel gibt, wissen Sie sicherlich. Es macht aber keinen Sinn, sie hier darzustellen. Zwei wichtige Tastenkombinationen, die Ihnen bei fast allen Windowsanwendungen zur Verfügung stehen, sollen aber angesprochen werden:

– Mit *Strg+C* können Sie einen markierten Inhalt (fast) aller Windowsanwendungen im Hintergrund auf das Clipboard (verdeckte Zwischenablage) kopieren.

– Mit *Strg+V* können Sie dann in Ihrer Textverarbeitung oder einer anderen Windowsanwendung den gespeicherten Inhalt wieder »rauslassen«.

Mit diesen Tastenkombinationen steht Ihnen der Copy-Paste-Befehl also auch dann zur Verfügung, wenn das »gebende Programm«, z.B. eine Datenbank im Internet, keine Copy-Funktion in seinem Menü anbietet. Das ist wirklich sehr praktisch – vielen Nutzern aber nicht bekannt.

Copy-Paste

● **Sichern:** Hier noch einmal einige Hinweise auf das Sichern von Dateien. Eigentlich arbeiten PCs erstaunlich zuverlässig. Wenn es aber darum geht, die Arbeit von Wochen oder Monaten zu sichern, dann ist ein erhöhter Aufwand angebracht:

– Word und StarOffice bieten im Menü *Extras – Optionen* ... verschiedene Sicherungsmöglichkeiten an u.a. die Option Sicherungskopie immer herstellen. Wenn Sie diese Option aktivieren, dann wird jedes Mal beim Speichern eine neue Sicherungskopie angelegt und die alte Sicherungskopie (sofern schon eine bestand) überschrieben.

– Für »die kleine Panne zwischendurch« reicht das vielleicht aus, für den Ernstfall nicht: Wenn Ihr Laptop von Viren, Würmern oder Trojanern drangsaliert, von einem Stromschlag getroffen, von einem Schuft entwendet wird oder wenn er (dem newtonschen Gesetz folgend) nur unglücklich aus Ihrer Tasche fällt, dann nützt es Ihnen wahrscheinlich wenig, dass Sie eine Sicherungskopie auf der Festplatte hatten. (Für den Desktop können Sie sich ähnliche Gefahren denken.) Wenn es also ernst wird, dann brauchen Sie eine externe Kopie. Daher sollten Sie grundsätzlich jeden Abend Ihre Arbeit extern speichern. Speichermedien (Diskette, Memory-Stick oder CD-ROM) stehen Ihnen bestimmt zur Verfügung.

Sicherungs-intervall

– Alle Textverarbeitungen bieten auch an, in einem bestimmten Zeitabstand Kopien für die Auto-Wiederherstellung anzulegen. Die Einstellung erfolgt ebenfalls im Menü *Extras – Optionen ...* Stellen Sie Ihr System auf einen sehr niedrigen Wert ein (z.B. alle zwei oder alle fünf Minuten). Für den Fall, dass ein Systemfehler auftritt oder der Strom unvermittelt ausbleibt, wird nach dem Neustart und dem Aufruf des Textverarbeitungsprogramms diese Wiederherstellungskopie aktiviert. Wichtig ist aber, dass Sie im Ernstfall nicht noch versuchen, das Textverarbeitungsprogramm »geordnet zu verlassen«. Wenn Ihr Programm nämlich den Eindruck bekommt, alles wäre paletti, dann löscht es die Wiederherstellungsdatei. Daher kann es im Krisenfall sicherer sein, die Stromzufuhr zu unterbrechen als zu versuchen, das Programm auf legalem Weg zu verlassen.

– Textverarbeitungsprogramme arbeiten mit einer Zwischenablage. Bei Word können Sie je nach Version bis zu 24 Texte oder Textabschnitte in der Zwischenablage deponieren. Die Inhalte der Zwischenablage gehen verloren, wenn Sie das Programm beenden. Daher sollten Sie sich rechtzeitig eine Datei anlegen, z.B. Reste.dok, in die Sie vor dem Beenden des Programms alle Inhalte der Zwischenablage kopieren. In dieser Datei sieht es zwar nach kurzer Zeit wie in einem gelben Sack aus – aber im Zweifelsfall werden Sie sich freuen.

Praxis

Da Speichermedien inzwischen relativ preiswert sind, empfiehlt es sich, die tägliche externe Sicherungskopie jeweils unter einem eigenen Namen zu speichern. Nutzen Sie das Tagesdatum als Dateinamen. Wenn Sie Ihren Text gründlich umstrukturiert oder ganze Textabschnitte gelöscht haben und dies nach ein paar Tagen bedauern, können Sie ohne größer Umstände auf eine ältere Fassung zurückgreifen.

8.1.2 Abläufe automatisieren

Die Stärke von Textverarbeitungsprogrammen liegt darin, dass Sie wiederkehrende Vorgänge automatisieren und selbstständig verwalten können. Falls Sie die nachfolgenden Funktionen noch nicht verwenden, sollten Sie dies ernsthaft in Betracht ziehen: Sie sparen Arbeit und halten Ihnen den Kopf für wichtigere Dinge frei.

- **Fußnotenfunktion:** Fußnoten werden von der Textverwaltung sehr komfortabel verwaltet. Wenn die richtigen Optionen eingestellt sind, dann reicht es aus, *Einfügen – Referenz – Fußnote* (Word) oder *Einfügen – Fußnote* (StarOffice) anzuklicken. (Wenn Sie viele Fußnoten erwarten, dann können Sie sich über *Extras – Anpassen* ein Fußnoten-Icon in der Symbolleiste holen: Benutzen Sie die Hilfe *F1.*).
  - Zwei Formen stehen für den Verweis zur Verfügung: Fußnoten und die Endnoten. Endnoten sind für Examensarbeiten oder Abschlussarbeiten wirklich nicht wünschenswert. Endnoten fassen alle Verweise und Anmerkungen zusammen und stellen Sie an das Ende des Dokuments. Das ist unpraktisch, weil der Leser für jeden Hinweis den eigentlichen Text verlassen muss. Blättern und Suchen sind dann unumgänglich. Noch schlimmer ist es, wenn die Endnoten jeweils kapitelweise angeordnet werden. Das bedeutet, dass der Leser die Anmerkungen an unterschiedlichen Stellen suchen muss. Stellen Sie also sicher, dass Sie die Option *Fußnoten* angeklickt haben und dass diese auch wirklich am unteren Seitenrand ausgegeben werden.
  - Word lässt Ihnen bei der Zählung der Fußnoten die Wahl zwischen mehreren Optionen. Wählen Sie die Option *Fortlaufend.* Alternativ könnten Sie auch einstellen, dass die Fußnoten seitenweise oder abschnittsweise gezählt werden und z.B. bei jeder Seite mit der Nr. 1 beginnen. Bei der Option *Fortlaufend* werden Ihre Anmerkungen und Verweise von der ersten bis zur letzten Fußnote fortlaufend (automatisch) nummeriert. Das macht es für Ihre betreuenden Lehrenden leichter, sich mit Ihnen über die Arbeit zu unterhalten: Sie können z.B. Ihre Fußnote 21 positiv erwähnen oder die Fußnote 37 kritisch hinterfragen. **Nummerierung fortlaufend**
  - Bei beiden Programmen können Sie nun an beliebigen Stellen Fußnoten einfügen oder löschen: Die Programme führen automatisch eine Neunummerierung aller Fußnoten durch. (Mir ist auch bei Konvertierung und heftigster Umformatierung bislang kein »Konvertierungsfehler« unterlaufen – und ich hoffe, es bleibt so.)

Praxis
– Einstellungen für Word: *Einfügen – Extras – Referenz – Fußnote ...*
    – ⊙ Fußnoten-Nummerierung: Fortlaufend – Gesamtes Dokument.
– Einstellungen für StarOffice: *Einfügen – Extras – Fußnoten – ⊙ Automatisch – ⊙ Fußnote.*

● **Autokorrektur:** Gleichbleibende Textteile müssen nicht jedes Mal neu Zeichen für Zeichen eingegeben werden. Feststehende Wendungen (z.B. Mit freundlichen Grüßen) konnten schon in den Pionierzeiten der Textverarbeitung als Textbaustein abgelegt und mit einem Tastenschlüssel wieder aktiviert werden. Heute erfolgt das viel komfortabler. Machen Sie sich diese Erleichterung zunutze: Sicherlich kommen in Ihrer Arbeit wichtige Begriffe immer wieder vor, z.B. »Curriculumforschung« oder »Pausenhofgestaltung«. Manchmal sind es auch Wörterfolgen, die sich bei der Ausgestaltung Ihrer Arbeit vielfach wiederholen, z.B. »Kinder- und Jugendliteratur«, »Kultusministerium des Landes Niedersachsen«, »Aufmerksamkeitsdefizit-Hyperaktivitätsstörung (ADHS)« oder »Rhythmisierung des Schulalltags«.
– In vielen Fällen lohnt es sich, mit der Funktion Autokorrektur zu arbeiten: Sie ersparen sich Schreibarbeit und reduzieren gleichzeitig die Fehlermöglichkeiten (vorausgesetzt, dass Sie den Text einmal fehlerfrei eingegeben haben).
– Auch für die grundlegenden Werke, auf die voraussichtlich mehrfach ein Literaturverweis erfolgt, sollten Sie früh eine Autokorrektur einrichten, sodass sich der Verweis »von selbst schreibt« und Sie jeweils nur noch die Seitenzahl hinzufügen müssen.

Praxis
– Vorgehensweise bei Word: Schreiben Sie eine Wortfolge, z.B. offener Unterricht. Markieren Sie die Wörter. Klicken Sie auf *Extras – AutoKorrektur – Optionen ...* Im Feld *Durch:* steht bereits die Wortfolge »offener Unterricht«. Schreiben Sie in das Feld *Ersetzen:* ein Kürzel, das Sie ansonsten nicht in Ihrem Text verwenden, z.B. ou. Bestätigen Sie das Ganze. Künftig geben Sie nur noch *ou+Leertaste* ein. Word schreibt für Sie die Wortfolge »offener Unterricht«.
– Vorgehensweise bei StarOffice: Gehen Sie in gleicher Weise vor. Klicken Sie nach der Eingabe des Kürzels auf *Neu* und dann auf *OK*.
Auf der entsprechenden Karteikarte können Sie später die Autokorrektur ebenso einfach auch wieder löschen.

● **Automatische Beschriftung:** Gute Textprogramme können für Sie auch die Beschriftung von Abbildungen, Tabellen, Formeln etc. übernehmen. Das ist dann sehr komfortabel, wenn relativ viele Formeln und Tabellen in Ihrem Text enthalten sind. Die automatische Beschriftung sorgt auch dafür, dass die Abbildungs- oder Tabellennummern immer angepasst werden, wenn Sie nachträglich ein Objekt hinzufügen oder löschen. Obwohl die Handhabung sehr einfach ist, lohnt es sich natürlich nicht, wenn Sie nur eine Abbildung und drei Tabellen in Ihre Arbeit einfügen.

Praxis
– Vorgehensweise bei Word: Platzieren Sie die Schreibmarke unter die Abbildung (Tabelle etc.), die Sie beschriften wollen. Klicken Sie auf *Einfügen – Referenz – Beschriftung* ... Wählen Sie Bezeichnung ▾ *Abbildung* (Tabelle, Formel) – *OK*. Setzen Sie nun den gewünschten Text hinzu und formatieren Sie die Beschriftung ggf. noch.
– Vorgehensweise bei StarOffice: Markieren Sie die Abbildung (oder platzieren Sie den Cursor in der Tabelle), die Sie beschriften wollen. Klicken Sie auf *Einfügen – Beschriftung* ... Geben Sie den Beschriftungstext und dann *OK* ein.

● **Automatische Querverweise:** Wenn Sie von der Beschriftungsfunktion Gebrauch machen, dann empfiehlt es sich auch, die Verweisfunktion zu nutzen, sofern es etwas zu verweisen gibt. Sollten Sie später eine Abbildung oder eine Tabelle einfügen oder entfernen, dann müssen Sie nicht darüber nachdenken, an welchen Stellen (auf welche Verweise) dies nun Auswirkungen hat: Ihr Textverarbeitungsprogramm korrigiert die Verweise automatisch.

Praxis
– Vorgehensweise bei Word: Klicken Sie auf *Einfügen – Referenz – Querverweis* ... Wählen Sie unter *Verweistyp* ▾ aus (z.B. Abbildung). Wählen Sie unter *Verweisen auf* ▾ aus (z.B. Nur Kategorie und Nummer). Klicken Sie auf *OK*.
– Vorgehensweise bei StarOffice: Klicken Sie auf *Einfügen – Querverweis* ... Wählen Sie unter *Feldtyp-Auswahl-Format* die gewünschte Darstellung aus. Klicken Sie auf *OK*.

8.2 Gliederungsfunktion

Beim Umgang mit komplexeren Texten kann Ihnen Ihr Textverarbeitungsprogramm viele Arbeiten abnehmen oder erleichtern. Dies setzt jedoch ein gewisses »handling« voraus. Es ist daher nötig, sich rechtzeitig mit den »gehobenen« Funktionen vertraut zu machen. Probieren Sie also *vor* Ihrer Abschluss- oder Examensarbeit im Rahmen eines Referats, einer kleineren Hausarbeit oder bei persönlichen Notizen die Gliederungsfunktion und die Nummerierung aus. Obwohl dabei eigentlich wenig schief gehen kann (schon gar nicht, wenn Sie rechtzeitig und regelmäßig eine Sicherungskopie herstellen), sollten Sie nicht erst unter den Ernstbedingungen Ihrer Examensarbeit damit beginnen. Bedenken Sie bitte: Komplexe Funktionen sind wenig geeignet, um unter Stress nach dem Prinzip von »trial and error« erprobt zu werden.

8.2.1 Überblick

Die Gliederungsfunktion erleichtert den Umgang mit umfangreichen Texten erheblich. Ihr Nutzen wird bei der Arbeit mit kurzen Texten nicht ohne weiteres einsichtig: Wenn der Text nur wenige Seiten lang ist, können Sie sich jederzeit im Dokument orientieren. Dafür benötigen Sie keine Gliederungsfunktion. Wenn der Text aber viele Seiten umfasst, dann können Sie unter Umständen lange scrollen, bis Sie an eine bestimmte Stelle gelangen. Die Gliederungsfunktion hilft bei der Verwaltung und Gestaltung längerer Texte ganz entscheidend mit, den Überblick zu wahren:

- Bei strukturierten Dokumenten können Sie von der Dokumentstruktur aus sofort zu dem Gliederungspunkt springen, an dem Sie weiterarbeiten oder korrigieren wollen.
- Sie können nachträglich Gliederungsebenen einfügen oder umdefinieren (höher oder tiefer einstufen).
- Sie können Gliederungspunkte umsetzen (mit dem gesamten Text, der unter dem jeweiligen Punkt steht).
- Sie können nach Abschluss der Textarbeit ein Inhaltsverzeichnis erstellen und ausdrucken lassen, das die richtigen Seitenzahlen enthält (und sich vor dem Druck selbstständig anpasst, falls Sie noch etwas verändern).

Unterschiedliche Darstellungen auf dem Bildschirm[29]

Wenn Sie auf Papier schreiben, dann haben Sie nur eine Darstellungsform Ihres Dokuments: das Blatt, das vor Ihnen liegt, und auf dem Sie schreiben. Anders ist es, wenn Sie am Computer schreiben. Hier können

---

29 Die nachfolgende Darstellung beschränkt sich auf Word.

Sie (je nach Textverarbeitungsprogramm) zwischen Normalansicht, Weblayout, Seitenlayout, Lesemoduslayout und Gliederungsansicht umschalten. Zu diesen unterschiedlichen Darstellungsweisen gelangen Sie entweder über Icons oder über das Menü Ansicht.

Die Normalansicht zeigt Ihnen nur den formatierten Text. Abbildungen, Initialen und andere Gestaltungsmittel sind noch nicht richtig platziert. Bei der Layoutansicht können Sie sehen, wie der Text und alle seine Elemente später auf dem Blatt stehen. Per Menü oder Icon können Sie auch auf die Gliederung umschalten.

Unterschiedliche Gliederungsebenen

Wenn Sie Word starten, sehen Sie oben in der Symbolleiste im Fenster Formatvorlage und Formatierungen das Wort »Standard«. Jeder Text, den Sie schreiben, ist so lange als Standard formatiert, bis Sie eine andere Zuweisung vornehmen.

Machen Sie sich bitte klar, dass auch Ihre Überschriften ohne eine andere Zuweisung einfach nur »Standard« sind. Das Textverarbeitungsprogramm kann sie also nicht vom einfachen Text unterscheiden. Wenn man mit der Gliederungsfunktion arbeitet, tut man im Grunde nichts anderes, als Textzeilen, die Überschriften darstellen, jeweils einer Überschriften- oder Gliederungsebene zuzuordnen. Jede Überschriften-Zeile erhält intern einen Zusatz, der festhält, dass es sich bei dieser Zeile um eine Überschrift handelt. Ist dies geschehen, dann »erkennt« das Textverarbeitungsprogramm künftig, dass es sich bei dieser Zeile nicht um einen Standard-Text handelt. Es »merkt« sich auch, welche Gliederungsebene Sie der Überschrift zugeordnet haben.

Da das Programm nun Textzeilen und Überschriftenzeilen unterscheiden kann, kann es auch die Überschriften allein anzeigen. Das ist die »Gliederungsansicht«. Die Überschriften sind aber noch nicht nummeriert. Dafür müssen Sie noch eine Gliederungsnummerierung auswählen und den Überschriften zuordnen. Diese Sammlung der Überschriften bildet die Gliederung. Sie dient später dazu, das Inhaltsverzeichnis zu erstellen.

8.2.2 Handhabung

Nachfolgend wird schrittweise die Vorgehensweise zur Nutzung der Gliederungsfunktion und zur Zuweisung der Nummerierung (in Word) beschrieben. Dafür gibt es viele Wege. Die gängigen Handbücher, die Sie vermutlich auch in Ihrer Bibliothek finden, beschreiben dies mit

Sicherheit ausführlicher – oft allerdings um den Preis, dass es sich um sehr umfangreiche Werke handelt.

Grobgliederung anlegen

Beginnen Sie Ihre Arbeit mit einer Grobgliederung ohne den Titel der Arbeit. Die Titelseite ist nicht Teil der Gliederung: Die Titelseite wird später auch nicht ins Inhaltsverzeichnis übernommen. Natürlich können Sie die Grobgliederung und die eingegebenen Überschriften später beliebig ändern, ergänzen oder weiter untergliedern.

Überschriftenebenen zuordnen

Wenn Sie die Grobgliederung geschrieben haben, legen Sie den Cursor in die erste Zeile. Öffnen Sie die Auswahl *Standard* ▾ (Pfeil nach unten anklicken). Falls Sie keine Überschriften sehen, scrollen Sie einfach nach unten, bis Sie die Auswahl von Überschriftebenen finden. Weisen Sie den Hauptkapiteln die Ebene *Überschrift 1* zu. Weisen Sie allen Überschriften die entsprechenden Gliederungsebenen zu. Sollten Sie dies später rückgängig machen wollen, stellen Sie die Schreibmarke in die Überschriftzeile und klicken Sie einfach wieder auf Standard.

Überschriften nummerieren

Mit der Gliederungsfunktion können Sie auch die Nummerierung der Kapitel verbinden. Folgen Sie der nachfolgenden Beschreibung oder lesen Sie die Anleitung in einem Handbuch nach.

- Legen Sie den Cursor in die Überschriftenzeile des ersten Kapitels.
- Klicken Sie *Format – Nummerierung und Aufzählungszeichen ...* an.
- Wählen Sie die Karteikarte *Gliederung* aus.
- Nun können Sie im Auswahlfenster eine Gliederungsform auswählen. (Im Normalfall sollten Sie die so genannte Dezimalgliederung wählen.) Klicken Sie auf ⊙ *Liste fortführen*.
- Bestätigen Sie Ihre Auswahl mit *OK*.

Nachdem der ersten Überschrift die Kapitelnummer 1 zugeordnet wurde, legen Sie den Cursor in diese Zeile und klicken auf das Pinsel-Icon (*Format übertragen*) in der Menüleiste. Der Cursor verwandelt sich in ein Pinselsymbol. Klicken Sie nacheinander auf alle

Überschriften, die Sie als Überschriftebene 1 (Kapitel) definieren wollen.

Weisen Sie dann in gleicher Abfolge den Unterkapiteln die Überschriftebene 2 zu und nummerieren Sie alle Zeilen der Überschriftebene 2. Fahren Sie mit der dritten Ebene fort. Wenn Sie die Grobgliederung auf diese Weise aufgebaut haben, schaffen Sie sich mit der Eingabe- oder Entertaste in jedem Abschnitt ein paar freie Zeilen und beginnen Sie dann, hier Ihren Text zu schreiben.

In diesem Beispiel wurde zunächst die Gliederung aufgebaut und dann der Text innerhalb der Gliederung entwickelt. (Dies ermöglichte es hier, die notwendigen Schritte hintereinander aufzuzeigen.) Sie können aber auch von einem halbwegs fertigen Text ausgehen und nachträglich den Überschriftzeilen Gliederungs-, Überschrift- und Nummerierungsebenen zuweisen. Dabei ist es selbstverständlich möglich, neue Gliederungspunkte einzufügen, alte zu löschen und Änderungen aller Art vorzunehmen

Praxis
- Wenn irgendetwas nicht so verläuft, wie Sie es sich vorgestellt haben: Vermeiden Sie es generell, »von Hand« Einstellungen wieder aufzuheben. Benutzen Sie lieber das Rückwärts-Icon, bis Sie den alten Zustand wieder hergestellt haben.
- Wenn Sie nur von einer einzelnen Überschriftzeile die Überschriften-Formatierung entfernen wollen, dann legen Sie die Schreibmarke in die Überschriftenzeile, öffnen das Formatvorlagen-Fenster und klicken dort auf Standard.
- Sie können aber auch grundsätzlicher vorgehen und die gesamte Gliederungsformatierung in einem Schritt aufheben: Klicken Sie auf Bearbeiten-Alles markieren. Offnen Sie das Formatvorlagen-Fenster. Klicken Sie auf Standard.
- Überlegen Sie sich das aber gut: Wenn Sie alles in einem Schritt zu Standard-Text erklären, gibt es keine Rückgängig-Funktion. Fertigen Sie sich vorher eine Sicherungskopie, auf die Sie zurückgreifen können!

8.3 Verzeichnisse

8.3.1 Literatur in einer Tabelle erfassen

Es spricht vieles dafür, die Literatur in der Orientierungs- und Strukturierungsphase gleich mit dem Computer zu erfassen. Sie sparen sich auf diese Weise eine Menge Doppelarbeit und vermeiden mögliche

Übertragungsfehler. Für die Arbeit mit dem PC gibt es zwei Möglichkeiten:

- Sie arbeiten mit einem speziellen Datenbankprogramm oder
- Sie erfassen die Quellen mit Ihrer Textverarbeitung.

Angesichts der relativ geringen Datenmengen lohnt es nicht, sich ein Datenbankprogramm anzuschaffen und sich nur für die Examensarbeit einzuarbeiten. Selbst die Anschaffung eines Freeware-Programms[30] rechtfertigt zu diesem späten Zeitpunk den Aufwand nicht mehr. Falls Sie bereits mit einem Datenbankprogramm arbeiten oder über eine integrierte Literaturdatenbank verfügen, prüfen Sie rechtzeitig, ob und wie ein sicherer und komfortabler Datenaustausch mit Ihrem Textverarbeitungsprogramm möglich ist. Die schönste Literaturdatenbank nützt Ihnen wenig, wenn Sie keine erprobte Schnittstelle zur Textverarbeitung hat.

Geeignete Tabelle erstellen

Wer bislang nicht mit einer Datenbank arbeitet, für den empfiehlt sich die Aufnahme der Literatur mit dem Textverarbeitungsprogramm. Allerdings sollten Sie die Literatur nicht unsortiert und unstrukturiert in einer Datei sammeln. Sonst wird es spätestens nach dem dreißigsten Titel schwierig, die Übersicht zu bewahren. Legen Sie lieber eine Tabelle im Querformat an, und lassen Sie diese gelegentlich alphabetisch sortieren.

Praxis
Wenn Sie die Literatur in einer Tabelle sammeln, dann ist es wichtig, dass Sie alle relevanten Daten in der korrekten Form in einer Spalte aufnehmen. Auf diese Weise erhalten Sie eine Sammlung, die später ohne Bearbeitung ins Literaturverzeichnis Ihrer Arbeit kopiert werden kann.
- Legen Sie eine neue Datei an.[31]
- Klicken Sie auf *Datei – Seite einrichten ... – Querformat*
- Es empfiehlt sich, in die Kopfzeile die Grundmuster für die Literaturerfassung der wichtigsten Quellenarten aufzunehmen.
- Erweitern Sie die Tabelle zeilenweise, indem Sie bei Bedarf die oberste Zeile markieren und eine neue Zeile einschieben.

30 Z.B. die kostenlose Fassung von LiteRat.
31 Die Beschreibung orientiert sich an Word. Für StarOffice ergeben sich nur minimale Differenzen.

– Lassen Sie die 1. Spalte (Verfasser/Titel) nach jedem Eintrag alphabetisch sortieren: 1. Spalte markieren, auf *Tabelle – Sortieren … – OK* klicken.

Name, Vorname: Titel. Untertitel. Aufl. Ort: Verlag, Jahr	Bibliothek/ Signatur	Zitat/ Kommentar/ ISBN etc.	Kapitel- hinweis
Mutzeck, Wolfgang: Förderdiagnostik. Konzepte und Methoden. 3., überarb. Aufl. Weinheim: Beltz 2002	BIS: pae 346.8 CE 3625,3		Kap. 8
Biller, Karl: Unterrichtsstörungen. 2., korr. Aufl. Stuttgart: Klett 1981		ISBN 312206019	
Rebitzki, Monika: Noten: kein Grund zur Panik. Leistungsbeurteilung sinnvoll nutzen. Berlin: Cornelsen Scriptor 2003	Fernleihe Rückgabe 24.11.05		
Peterßen, Wilhelm H.: Kleines Methoden-Lexikon. München: Oldenbourg 1999	eigener Bestand		Kap. 4

Literatursammlung in die Examensarbeit übertragen

Wenn Sie Ihre Literatursammlung in einer entsprechend gestalteten Tabelle erfasst haben, ist es unproblematisch, die Liste (oder ausgewählte Titel) in die Examensarbeits-Datei zu übertragen. Das geht über die Funktionen »Kopieren« und »Einfügen« ohne Probleme. Etwas Handarbeit ist allerdings erforderlich.

- Markieren Sie die 1. Spalte (Verfasser/Titel) und lassen Sie die Tabelle abschließend noch einmal sortieren. Klicken Sie auf *Tabelle – Sortieren – OK*.
- Kopieren Sie die markierte Spalte 1 und fügen Sie sie als Literaturverzeichnis in Ihre Arbeit ein. (Der Tabellenrahmen wird mitkopiert.)
- Wandeln Sie die Tabelle in Text um. Klicken Sie auf *Tabelle – Umwandeln … – Tabelle in Text – OK*.

Unter der Voraussetzung, dass Ihre Literatur-Datei-Liste vollständig ist, können Sie auf diese Weise das komplette Literaturverzeichnis erstellen. Es enthält dann sowohl die zitierte als auch die »nur« gelesene oder in Teilen gelesenen Titel.

8.3.2 Literaturverzeichnis aus Fußnoten erstellen

Wenn Sie die Daten nicht aus einer Literatur-Datei übertragen können (z.B., weil Sie die Werke auf Karteikarten gesammelt haben), dann können Sie das Minimal-Literaturverzeichnis (Sammlung der zitierten Titel) aus den Fußnoten erstellen – sofern Sie sich dazu entschieden haben, in den Fußnoten beim Erstauftritt einer Quelle einen vollen Beleg zu erstellen. Auch hier ist wieder einige Handarbeit notwendig. Die Verfahrensschritte sind aber sehr einfach.[32]

Praxis
- Klicken Sie in den Text einer Fußnotenziffer. (Der Cursor muss sich jetzt im Fußnotenbereich befinden.)
- Drücken Sie dann *Strg+A*: Alles wird markiert (auch die Fußnoten, die Sie gerade nicht auf dem Bildschirm haben). Drücken Sie dann *Strg+C*: Alles wird in den Zwischenspeicher kopiert. (Sie können anstelle der beiden Tastenschlüssel auch Bearbeiten-Alles markieren und danach Kopieren anklicken.)
- Öffnen Sie eine neue Seite. Fügen Sie den kopierten Text mit der Tastenkombination *Strg+V* ein oder klicken Sie auf *Bearbeiten – Einfügen*. Sämtliche Fußnotentexte werden auf der neuen Seite eingefügt.
- Nun löschen Sie alles, was nicht ins Literaturverzeichnis gehört, z.B. die Fußnotennummern, die Kurzverweise, Ihre Anmerkungen, bis nur noch Erstverweise übrig sind.
- Markieren Sie die verbliebenen Erstverweise (Vollbelege) und lassen Sie diese automatisch sortieren: *Tabelle – Sortieren ... – OK*. Kopieren Sie das Ergebnis mit *Strg+C* und fügen es mit *Strg+V* als Literaturverzeichnis in Ihre Arbeit ein.

Auf diese Weise erhalten Sie ein Minimal-Verzeichnis. Es enthält alle zitierten Titel für die Sie im Text eine Fußnote erstellt haben. Fügen Sie bei Bedarf weitere Titel hinzu, markieren Sie alles noch einmal und lassen es abschließend noch einmal automatisch sortieren.

---

32 Im Folgenden wird vorausgesetzt, dass Sie mit Word arbeiten. Bei Word und bei StarOffice können Sie die Fußnoten in Endnoten verwandeln, kopieren, bearbeiten und in das Literaturverzeichnis einfügen. Danach können Sie die Endnoten wieder in Fußnoten zurückverwandeln. (Bevor Sie dies ausprobieren, sollten Sie in jedem Fall zunächst eine Sicherungskopie anlegen!)

8.3.3 Inhaltsverzeichnis automatisch erstellen

Wenn Sie die Arbeit abgeschlossen haben, dann benötigen Sie ein Inhaltsverzeichnis mit Seitenangaben. Auch dies erledigt Ihr Textverarbeitungssystem schnell, sicher und problemlos. Zwei Vorbemerkungen sind aber erforderlich:

- Ein Inhaltsverzeichnis können Sie nur automatisch erstellen lassen, wenn Sie mit der Gliederungsfunktion gearbeitet haben. Nur dann »weiß« das Programm, welche Teile Ihrer Arbeit Überschriften sind und zu welcher Gliederungsebene sie gehören.
- Erstellen Sie das Inhaltsverzeichnis erst, wenn Sie ganz fertig sind, und vermeiden Sie jeden Versuch, etwas »von Hand« an dem automatisch erstellten Inhaltsverzeichnis zu verändern. Wenn erst einmal Unordnung in dieses Großfeld geraten ist, dann haben Sie nichts als Ärger. Löschen Sie das Inhaltsverzeichnis lieber ganz (markieren, dann *Bearbeiten – Ausschneiden*) oder verwenden Sie die Funktion *Rückgängig*. Wenn Sie dies beherzigen, kann Ihnen das automatisch erstellte Inhaltsverzeichnis wirklich viel Arbeit ersparen.

Praxis für Word
- Stellen Sie die Schreibmarke auf die Inhaltsverzeichnis-Seite.
- Klicken Sie auf *Einfügen – Referenz – Index und Verzeichnisse*.
- Klicken Sie auf die Karteikarte *Inhaltsverzeichnis*.
- Wählen Sie unter *Füllzeichen* ▾ die gepunktete Linie aus.
- Wählen Sie bei *Ebenen* 3 (maximal 4).
- Wählen Sie ein Format, z.B. *Formell* (oder *Klassisch*).
- Klicken Sie auf *OK*.

Das Programm fügt jetzt an der Stelle, an der Sie vorher die Schreibmarke platziert hatten, das Inhaltsverzeichnis Ihrer Arbeit ein. Dieses Verzeichnis enthält sofort die richtigen Seitenzahlen. Zwar sollten Sie das Inhaltsverzeichnis erst erstellen, wenn Sie wirklich fertig sind, aber Sie können trotzdem noch Änderungen im Text vornehmen. Vor dem Ausdrucken sollten Sie dann folgende Einstellung vornehmen:
- Klicken Sie *Datei – Drucken ...* an.
- Klicken Sie auf die Schaltfläche *Optionen*.
- Schalten Sie die Option *Felder aktualisieren* ein.
- Bestätigen Sie Ihre Auswahl mit *OK*.

Auf diese Weise stellen Sie sicher, dass das Feld »Inhaltsverzeichnis« vor dem Ausdruck noch aktualisiert wird.

Praxis für StarOffice
- Stellen Sie die Schreibmarke auf die Inhaltsverzeichnis-Seite.
- Klicken Sie auf *Einfügen – Verzeichnisse – Verzeichnisse*.
- Klicken Sie auf die Karteikarte *Verzeichnis*.
- Wählen Sie den vorgegebenen Titel »Inhaltsverzeichnis« aus.
- Wählen Sie *Verzeichnis erstellen für Gesamtes Dokument*.
- Wählen Sie *Auswerten* bis Ebene 3 (maximal 4).
- Klicken Sie auf *OK*.

Am besten ist es, wenn Sie bereits vor Ihrer Examensarbeit Erfahrungen mit der Gliederungsfunktion sammeln, z.B. beim Schreiben eines Referates, einer Hausarbeit oder beim Übertragen Ihrer Veranstaltungsmitschriften in eine Datei. Vielleicht trägt diese Mini-Anleitung dazu bei, dass Sie die Funktionen Ihres Textverarbeitungsprogramms schon vor der eigentlichen Examensarbeit erproben. Experimentieren Sie, indem Sie z.B. Gliederungspunkte verschieben, umbenennen, auf- oder abwerten etc.

8.4 Dokumentvorlage erstellen

Dokumentvorlagen sind Formatierungsvorgaben, die jeweils für das gesamte Dokument gültig sind. Es gibt Dokumentvorlagen, die mit dem Textverarbeitungsprogramm bereits mitgeliefert werden, z.B. für das Erstellen einer Dissertation, aber sie sind für Ihre Abschluss- oder Examensarbeit nicht ganz zutreffend. Ob es sich lohnt, eine Dokumentvorlage für die Examensarbeit zu erstellen, müssen Sie selbst entscheiden.[33]

Dokumentvorlagen sind sehr einfach zu erstellen. Aber die Beschreibung ist – wie die Beschreibung des Bindens einer Schleife am Schuh – nur sehr wortreich möglich. Daher findet hier eine Beschränkung auf das Grundkonzept statt. Die Einzelschritte für Ihr Programm erfahren Sie, wenn Sie die Hilfe mit *F1* aufrufen und als Anfrage »Vorlage erstellen« in das Suchfenster eingeben (Word). Bei StarOffice klicken Sie auf *Suchen* und geben »Dokumentvorlage erstellen« ein. Markieren Sie »Nur in Titeln suchen«, bevor Sie die Suche starten.

---

33 Da für Ihre Arbeit nur wenige Einstellungen erforderlich sind, ist dies nicht unbedingt erforderlich.

Praxis

- Starten Sie eine neue Datei. (Sie dient nur als »Dummy«.)
- Schreiben Sie Platzhalter-Überschriften (aller Ebenen).
- Schreiben Sie einige Platzhalter-Textzeilen, einen Platzhalter-Tabellentext, eine Platzhalter-Bildunterschrift usw. (Auf den Inhalt kommt es dabei nicht an, sondern nur auf die Formatierungsmerkmale. Nur diese werden später in der Vorlage gespeichert.)
- Formatieren Sie jede Einheit mit den gewünschten Schriftarten, Schriftattributen und Zeilenabständen.
- Rufen Sie dann die Programm-Hilfe (s.o.) auf, und folgen Sie den Anleitungsschritten für Ihr Textverarbeitungsprogramm.
- Speichern Sie am Ende nach Anleitung die Einstellungen als Dokumentvorlage mit einem eigenen Namen ab.

Danach kann die Dokumentvorlage mit den entsprechenden Merkmalen jeder neuen Datei zugewiesen werden. Die einzelne Formatierung können Sie auch nachträglich noch ändern. Vielleicht sagen Sie jetzt »So what? – Das konnte ich doch vorher auch!«. Natürlich haben Sie Recht. Der Clou von Dokumentvorlagen ist aber, dass sich alle Texte, denen die entsprechende Formatierungsvorlage zugewiesen wurde, automatisch ändern, wenn Sie die Formatierungsvorlage ändern.

Ein Wort zum Schluss ...

Wenn sich Ihr Computer »aufhängt«, wenn er »abstürzt« oder wenn Ihre Daten auf andere Weise gefährdet sind (Würmer, Viren, Trojaner oder Diebstahl), dann brauchen Sie nicht die Nerven zu verlieren, wenn Sie in kurzen Zeitabständen eine automatische Wiederherstellungskopie fertigen lassen und – wichtiger noch – wenn Sie Ihre Arbeit regelmäßig *extern* abgespeichert haben. Sorgen Sie unbedingt dafür, dass das so ist!

9. Checklisten und Muster

9.1 Checkliste: Prüfungsordnung

Frage	Sachverhalt	geklärt ☑
1	Nach welcher Prüfungsordnung lege ich die Prüfung ab?	☐
2	In welchen Fächern kann ich die Abschlussarbeit schreiben?	☐
3	Wo muss ich mich anmelden?	☐
4	Sind Meldefristen zu beachten? Wenn ja: Wann ist der nächste Meldetermin?	☐
5	Wer legt das Thema fest?	☐
6	Kann das Thema zurückgegeben werden?	☐
7	Wie viel Bearbeitungszeit steht zur Verfügung?	☐
8	Welche Möglichkeiten für eine Verlängerung gibt es?	☐
9	Wohin ist im Erkrankungsfall das Attest zu schicken?	☐
10	Gibt es Sonderregelungen (z.B. für Behinderte)?	☐
11	In welcher Sprache muss die Arbeit abgefasst werden?	☐
12	Wie groß müssen ggf. Fremdsprachenanteile sein?	☐
13	Sind Gruppenarbeiten möglich?	☐
14	Gibt es Vorschriften zum Umfang der Arbeit?	☐
15	Wie viele Exemplare der Arbeit müssen abgegeben werden?	☐
16	Wo muss die Arbeit abgegeben werden?	☐
17	Bei Abgabe per Post: Reicht die fristgerechte Abgabe (Poststempel) oder zählt der fristgerechte Eingang beim Prüfungsamt?	☐
18	Wie muss ich vorgehen, wenn ich die Frist nicht einhalten kann?	☐
19	In welcher Zeit kann eine Wiederholung erfolgen?	☐
20	Gelten für die Wiederholung veränderte Meldetermine?	☐
21	Weitere Fragen …	☐

9.2 Checkliste: Seitengestaltung

Frage	Sachverhalt	übernehmen ☑ ändern ☒
1	Schriftart: · Courier New (o. Ä.) · Times New Roman (o. Ä.)	
2	Schriftgröße: 12 Punkt	
3	Linker Rand: etwa 4,0 cm	
4	Rechter Rand: etwa 3,0 cm	
5	Oberer/unterer Rand: etwa 2,5 cm	
6	Anschläge pro Zeile: • etwa 55–60 (Courier New) • etwa 65–75 (Times New Roman)	
7	Zeilenabstand: 1,5 Zeilen	
8	Zeilen: etwa 35	
9	Seitenzählung: ab 1. Seite nach Titelblatt	
10	Textausrichtung: linksbündig, kein Blocksatz	
11	Silbentrennung: einschalten	
12	Hervorhebung: kursiv	
13	Anführungszeichen: „typografisch"	
14	Weitere Fragen ...	

9.3   Checkliste: Rückfragen

Frage	Sachverhalt	ja ☑ nein ☒
1	Gliederungsentwurf vorlegen? Terminvereinbarung: _____	
2	Erwartete Seitenzahl: _____ • empfohlen • verbindlich	
3	Anregungen für die Textgestaltung: • bestimmte Gliederungsart vorgeschrieben? • bestimmte Gliederungstiefe empfohlen?	
4	Verweise im Text: • Fußnoten • integrierte Kurzbelege	
5	Zusammenfassungen: • Kapitelzusammenfassungen? • Endzusammenfassung?	
6	Literaturverzeichnis: • nur zitierte Werke • gelesene und zitierte Werke	
7	Umgang mit Internetquellen: • URL und Abrufdatum? • Ausdruck der Seite?	
8	Werden Anlagen zur Arbeit erwartet? Art und Umfang: _____	
9	Während der Arbeit Rücksprache nehmen?	
10	Bei Terminänderungen (z.B. Erkrankung): Information auch an Betreuer/in?	
11	Text für Betreuer/in zusätzlich auf Diskette oder CD abgeben?	
12	Speicherformat? • DOC • SXW • RTF	
13	Gibt es Vorschriften des Prüfungsamtes für • das Titelblatt • die rechtliche Erklärung • die Formatierung der Arbeit	
14	Weitere Fragen ...	

9.4 Muster: Zitieren und Verweisen

Volles Zitat	Rang schreibt: »Der Autor des ›Emile‹ geht von der für ihn nicht mehr weiter zu diskutierenden Annahme aus, daß der Mensch zwar von Natur gut, aber auch schwach ist, ein von außen, durch die gesellschaftlichen Meinungen und Vorbilder, ebenso wie von innen, durch seine Leidenschaften, *gefährdetes* Wesen.«[34]
Teilzitat	Rang schreibt: »Der Autor des ›Emile‹ geht von der für ihn nicht mehr weiter zu diskutierenden Annahme aus, daß der Mensch zwar von Natur gut, aber auch schwach ist (...)« (1963, S. 61).
Auslassung (Ellipse)	Rang schreibt: »Der Autor des ›Emile‹ geht von der (...) Annahme aus, daß der Mensch zwar von Natur gut, aber auch schwach ist, ein (...) *gefährdetes* Wesen« (1963, S. 61).
Einfügung (Interpolation)	Rang schreibt: »Der Autor des ›Emile‹ [Rousseau (1712–1778); W. T.] geht von der (...) Annahme aus, daß der Mensch zwar von Natur gut, aber auch schwach ist, ein (...) *gefährdetes* Wesen.« (1963, S. 61).
Umstellung (Flexion)	Rousseau vertritt folgende Auffassung: »Der Mensch (ist) zwar von Natur aus gut, aber auch schwach« (vgl. Rang 1963, S. 61).
Eingebundenes Teilzitat	Für Rousseau kommt die menschliche Schwäche »von außen, durch die gesellschaftlichen Meinungen und Vorbilder, ebenso wie von innen, durch seine Leidenschaften« (vgl. Rang 1963, S. 61).
Eigene Hervorhebung	Rousseau »geht von der (...) Annahme aus, daß der Mensch zwar *von Natur gut*, aber auch schwach ist« (vgl. Rang 1963, S. 61; Hervorhebung W. T.).
Paraphrase	Rousseaus Erklärung für die Gefährdung des Menschen ist nach Martin Rang (1961, S. 63) auf gesellschaftliche und individuelle Faktoren zurückzuführen. Gemeinsam erklären diese, dass die Natur des Menschen nicht nur als gut, sondern auch als schwach bezeichnet werden muss.
Verweis	Bei der Beschreibung des Menschenbildes Rousseaus folge ich Rang (1963, S. 61). Dieser führt aus, dass ...

34 Rang, Martin: Einleitung. In: Rousseau, Jean Jacques: Emile oder Über die Erziehung. Herausgegeben, eingeleitet und mit Anmerkungen versehen von Martin Rang. Unter Mitarbeit des Herausgebers aus dem Französischen übertragen von Eleonore Sckommodau. Stuttgart: Philipp Reclam jun., 1963 (Universal-Bibliothek Nr. 901-09/09a-F), S. 61; Hervorhebung im Original.

9.5 Muster: Literaturerfassung

Quellenbelege im Text	
Vollbeleg: erste Fußnote	Name, Vorname: Titel. Untertitel. Aufl. Ort: Verlag, Jahr, Seite
Kurzbelege: weitere Fuß- noten oder integrierte Belege im laufenden Text	Name, Kurztitel Jahr, Seite

Literaturverzeichnis	
Werk eines Autors	Name, Vorname: Titel. Untertitel. Aufl. Ort: Verlag, Jahr (ggf. Reihentitel, Band)
Werk mehrerer Autoren	Name, Vorname; Name, Vorname [usw.]: Titel. Unter- titel. Aufl. Ort: Verlag, Jahr
Werk mehrerer Autoren (Alternative)	Name, Vorname [des 1. Autors] u.a.: Titel. Untertitel. Aufl. Ort: Verlag, Jahr
Werk eines Herausgebers	Name, Vorname (Hrsg.): Titel. Untertitel. Aufl. Ort: Verlag, Jahr
Werk mehrerer Heraus- geber	Name, Vorname; Name, Vorname [usw.] (Hrsg.): Titel. Untertitel. Aufl. Ort: Verlag, Jahr
Werk mehrerer Heraus- geber (Alternative)	Name, Vorname [des 1. Herausgebers] (Hrsg.) u.a.: Titel. Untertitel. Aufl. Ort: Verlag, Jahr
Beitrag in herausgegebe- nen Werken	Name, Vorname: Titel. Untertitel. In: Name, Vorname (Hrsg.): Titel. Untertitel. Aufl. Ort: Verlag, Jahr, Seite– Seite
Dissertationen/Habilita- tionen/Diplomarbeiten	Name, Vorname: Titel. Untertitel. Hochschulort, (Name der Hochschule), Fakultät/Fachbereich, Art der Arbeit, Jahr (Datum der Abgabe)
Beitrag in einer Zeitschrift	Name, Vorname: Titel. Untertitel. In: *Titel* Band (Jahr) Heftnummer, Seite–Seite
Beitrag in einer Zeitung	Name, Vorname: Titel. Untertitel. In: *Titel*, Nummer, (Datum), Seite–Seite.
Beitrag im Internet	Name, Vorname: Titel. Untertitel. [In: *Titel*.] [Erstel- lungs- oder Aktualisierungsdatum] URL: http://www.... (Abrufdatum)
Multimediale Quelle	Name, Vorname: Titel. Untertitel. Art des Mediums. Veröffentlichende Institution Ort, Jahr
Multimediale Quelle (Alternative)	Name, Vorname: Titel. Untertitel. Veröffentlichende Institution Ort, Jahr – Art des Mediums

9.6 Muster: Titelblatt einer Examensarbeit

Schriftliche Hausarbeit zur Prüfung
für das Lehramt an
[...]

Thema der Arbeit:

**Zur Entwicklungsgeschichte und
zur Verbreitung der „Hansa-Fibel"
in der Zeit von 1919 bis 1949**

Beurteilende Hochschullehrerin:
Prof. Dr. Helga Zumthor

Name der Kandidatin:
Hannelore Weltermann

Oldenburg, den [Abgabetermin]

Klären Sie vorher beim Prüfungsamt, beim Institut oder bei den betreuenden Lehrenden ab, ob es für Ihren Bereich eine verbindliche Titelgestaltung gibt. Falls das nicht der Fall ist, können Sie sich an dieser Vorlage orientieren. Hinsichtlich der Bindung sollten Sie berücksichtigen, dass Ringbindungen in der Regel nicht zulässig sind.

9.7 Muster: Rechtliche Erklärungen

Erklärung:

Hiermit versichere ich, dass ich die Arbeit selbstständig verfasst und keine anderen als die angegebenen Hilfsmittel benutzt habe. Diese Versicherung gilt auch für die beigefügten Zeichnungen (Kartenskizzen, bildlichen Darstellungen o. Ä.).

Oldenburg, den [Abgabetermin]

Falls das von Ihrem Prüfungsamt vorgesehen ist, sollten Sie eine der beiden folgenden Erklärungen hinzufügen:

Ich bin damit einverstanden, dass die von mir angefertigte Hausarbeit mit dem Thema »Zur Entwicklung und zur Verbreitung der Hansa-Fibel in der Zeit von 1919 bis 1949« zur Einsicht durch andere Personen zur Verfügung gestellt wird. Ich habe auch keine Bedenken, dass meine Hausarbeit an Interessenten ausgeliehen wird. Mir ist bekannt, dass eine Ausleihe erst fünf Jahre nach Ablauf des Kalenderjahres möglich ist, in dem mir das endgültige Ergebnis der Prüfung mitgeteilt worden ist.

Oldenburg, den [Abgabetermin]

Ich bin nicht damit einverstanden, dass meine Hausarbeit von anderen Personen eingesehen oder an andere Personen ausgeliehen wird.

Oldenburg, den [Abgabetermin]

9.8 Muster: Titelblatt für ein schriftliches Referat

Hannelore Weltermann

Schloßstraße 12
26133 Oldenburg

Sommersemester/Wintersemester
Jahr

Veranstaltung:

**Lebensnaher Anfangsunterricht.
Eine Analyse der ersten Schulwochen.**

Referat/Schriftliche Ausarbeitung zum Thema:

**Darstellung der Einschulung und des
Schulanfangs in neueren Bilder- und
Kinderbüchern.**

Datum
[Abgabetermin]

Sofern es sich bei dem Referat um eine Gruppenarbeit handelt, sollten die Namen aller Beteiligten auf dem Deckblatt aufgeführt werden. Klären Sie vorher ab, ob die individuellen Anteile namentlich ausgewiesen werden müssen. Falls Sie mit dem Referat einen Schein erwerben wollen, klären Sie ab, ob Sie einen Schein beifügen sollen und was in die einzelnen Felder einzutragen ist.

Literaturverzeichnis

Born, Günter: OpenOffice.org/StarOffice für Linux und Windows. Nürnberg: SUSE LINUX AG, 2004

Brauner, Detlef Jürgen; Vollmer, Hans-Ullrich: Erfolgreiches wissenschaftliches Arbeiten. Seminararbeit – Diplomarbeit – Doktorarbeit. Sternenfels: Wissenschaft & Praxis, 2004

Deutsche Gesellschaft für Psychologie (Hrsg.): Richtlinien zur Manuskriptgestaltung. 2., überarb. und erw. Aufl. Göttingen: Hogrefe, 1997

DIN 1505: Titelangabe von Dokumenten. Teil 1. Titelaufnahme von Schrifttum. Berlin: Beuth, 1984

DIN 1505: Titelangabe von Dokumenten. Teil 2. Zitierregeln. Berlin: Beuth, 1984

DIN 1505: Titelangabe von Dokumenten. Teil 3. Verzeichnisse zitierter Dokumente (Literaturverzeichnisse). Berlin: Beuth, 1995

DIN 1505: Titelangabe von Dokumenten. Teil 4. Titelaufnahme von audio-visuellen Materialien. Berlin: Beuth, 1998

Eco, Umberto: Wie man eine wissenschaftliche Abschlußarbeit schreibt. Doktor-, Diplom- und Magisterarbeit in den Geistes- und Sozialwissenschaften. Ins Deutsche übersetzt von Walter Schick. 10., unveränd. Aufl. der dtsch. Ausgabe. Heidelberg: C. F. Müller, 2003 (UTB, 1512)

Franck, Norbert; Stary, Joachim (Hrsg.): Die Technik wissenschaftlichen Arbeitens. Eine praktische Anleitung. 11. völlig überarb. Aufl. Paderborn: Schöningh, 2003 (UTB, 724)

Franck, Norbert: Fit fürs Studium. Erfolgreich reden, lesen, schreiben. 6. Aufl. München: Deutscher Taschenbuch Verlag, 2003

Haefner, Klaus: Gewinnung und Darstellung wissenschaftlicher Erkenntnisse insbesondere für universitäre Studien-, Staatsexamens-, Diplom- und Doktorarbeiten. München: Oldenbourg, 2000

Heidtmann, Frank: Wie finde ich bibliothekarische Literatur. 2., veränd. Aufl. Berlin: Berlin-Verlag, 1981 (Veröffentlichungen des Instituts für Bibliothekarausbildung der Freien Universität Berlin, 7)

Kruse, Otto: Keine Angst vor dem leeren Blatt. Ohne Schreibblockaden durchs Studium. 5. Aufl. Frankfurt a. M.: Campus, 1997

Kürschner, Wilfried: Taschenbuch Linguistik. Ein Studienbegleiter für Germanisten. 2., vollst. überarb. u. erw. Aufl. Berlin: Erich Schmidt Verlag, 2003

Niederhauser, Jürg: Duden. Die schriftliche Arbeit. Ein Leitfaden zum Schreiben von Fach-, Seminar- und Abschlussarbeiten in der Schule und beim Studium. Literatursuche, Materialsammlung und Manuskriptgestaltung mit vielen Beispielen. 3., völlig neuerarb. Aufl. Mannheim: Dudenverlag, 2000

Poenicke, Klaus: Die schriftliche Arbeit. Materialsammlung und Manuskriptgestaltung für Fach-, Seminar- und Abschlußarbeiten an Schule und Universität. Mit vielen Beispielen. 2., verb. Aufl. Mannheim: Dudenverlag, 1989

Poenicke, Klaus: Wie verfasst man wissenschaftliche Arbeiten? Ein Leitfaden vom ersten Studiensemester bis zur Promotion. 2., neu bearb. Aufl. Mannheim: Dudenverlag, 1988

Ravens, Tobias: Wissenschaftlich mit Word arbeiten. 2. Aufl. München: Pearson Studium, 2004

Rossig, Wolfram E.; Prätsch, Joachim: Wissenschaftliche Arbeiten. Ein Leitfaden für Haus-, Seminar-, Examens- und Diplomarbeiten sowie Präsentation. Mit einem Beitrag von Wolfram E. Rossig und Manuel Fries. 4., erw. Aufl. Bremen: Wolfdruck, 2002

Rost, Friedrich: Lern- und Arbeitstechniken für das Studium. Mit zahlreichen Abbildungen, Beispielen, Checklisten. 3., vollst. akt. und erw. Neuausg. Opladen: Leske + Budrich, 2003 (UTB, 1994)

Rückriem, Georg; Stary, Joachim; Franck, Norbert: Die Technik wissenschaftlichen Arbeitens. Eine praktische Anleitung. 10. überarb. Aufl. Paderborn: Schöningh, 1997 (UTB, 724)

Standop, Ewald: Die Form der wissenschaftlichen Arbeit. 13., durchges. und erw. Aufl. Heidelberg: Quelle & Meyer, 1990 (UTB, 272)

Stary, Joachim; Kretschmer, Horst: Umgang mit wissenschaftlicher Literatur. Eine Arbeitshilfe für das sozial- und geisteswissenschaftliche Studium. Darmstadt: Wissenschaftliche Buchgesellschaft, 1999

Trimmel, Michael: Wissenschaftliches Arbeiten. Ein Leitfaden für Diplomarbeiten und Dissertationen in den Sozial- und Humanwissenschaften mit besonderer Berücksichtigung der Psychologie. 2. Aufl. Wien: WUV-Universitätsverlag, 1997 (WUV-Studienbücher Sozialwissenschaften, 1)

Sachregister